マンガでわかる

債権法改正と融資管理&回収の実務

著 宮下正臣・濱田祥雄
画 山川直人

近代セールス社

はじめに

「債権の管理・回収」は、融資業務の中でも、特に若い融資担当者にとっては難易度が高い業務と言えるでしょう。

ひと口に「債権の管理・回収」といいますが、そこに含まれる業務は多岐にわたります。いずれも法律的な知識は欠かせず、しかも関連する法律は広範囲に及び、法改正や判例の動向にも注意しておかなければなりません。また、必要となる処理・手続きは複雑で、「債権の管理・回収」は、覚えなければならないことが非常に多い業務といえるでしょう。それだけに、「債権の管理・回収」業務に対し、苦手意識やハードルの高さを感じている融資担当者は少なくないと思われます。

一方、「債権の管理・回収」の重要性については、改めて言うまでもないでしょう。融資金が確実に回収できてはじめて融資業務は完結し、金融機関は収益を上げることができます。融資担当者にとっては、難しいからと言って、「よくわからない」「苦手」では決して済まされないのが「債権の管理・回収」なのです。

本書は、そんな「債権の管理・回収」の知識と実務を、マンガを使うことで、「わかりやすく、とりかかりやすい」入門解説書にまとめたものです。

マンガで事例の設定や問題提起を行い、次ページでその問題点をはじめ、一連の制度・

手続きなどを解説することで、実務上の解決を模索するという体裁をとっています。

２０２０年４月に施行となる新しい民法（債権法）のポイントについても、編を設け、金融実務に即したかたちで解説を行いました。

マンガの主要な登場人物は、タンポポ銀行の若手行員で、債権の管理・回収業務を勉強中の加藤君と、その上司で、加藤君を優しく適切に指導する課長の二人です。本書をお読みいただく皆さんには、二人のやりとりや、いろいろな案件への対応をマンガで疑似体験していただきつつ、マンガに続く解説で、必要な実務知識を学んでいっていただければと思います。

マンガですから、あまり肩肘はらず読み進んでいってください。そうすれば、今般の民法（債権法）改正のポイントや、「債権の管理・回収」に関する実務知識を自然と学んでいけるはずです。

本書で取り上げているテーマやストーリーは、一部をのぞき、基本的には一話ごとに完結しています。ですが、読み進めるうちに、前出のテーマが後の話の前提となっていたり、一つの手続きや考え方が横断的に関連しているなど、必ずしも一話が単独で存在する内容でないことに気づくかもしれません。

これは、金融実務そのものが、融資実行から、継続的な管理あるいは督促業務、ひいては、一括回収もしくは担保実行といった一連の流れを持ち、かつ、融資の相手方と向き合い、経験や知識をもとに、法律やノウハウを駆使して、常に動的な対応を行う総合的な業務であるためです。
「債権の管理・回収」が、十分な知識と事案に対する洞察力および経験が求められる業務であることは間違いありません。読者の皆さんが、そうした業務に立ち向かい、業務に習熟していくための「導きの書」として本書をご活用いただけたら、筆者としても幸いなことであります。

2018年12月

宮下正臣
濱田祥雄

本書は、2011年に刊行された『融資係になったら覚える 債権管理と回収の実務』を底本とし、これに「債権法改正編」を新たに加えるとともに、最新の判例や法改正を踏まえ、内容を全面的に見直し、改題したものです。

目次

1
債権法改正編

では聞くが
債務引受について
今回の改正法では
もとの債務者が
責任を負う場合と
負わない場合に分けて
規定が設けられたよね

えーっと
「併存的」と「免責的」と
いうことでしょうか？
併存的
免責的

第1話

なぜいま債権法の改正か？

今日も一日お疲れさま
喰呑処
やきとり
お疲れさまでした
最近どうだ債権の管理回収についての勉強は進んでいるかい？
はい頑張っていますでもやはり難しい世界ですね
そうだねどの案件にも個性があってただ単に自行のマニュアルや規定を当てはめるだけでは上手くいかないケースも多いからね
それに法改正や判例の動向にも注意しておかなければいけないし
判例
改正債権法
タンポポ銀行マニュアル

2015年3月法案国会提出
2017年5月改正法成立
2020年4月改正法施行
そうですね 新しい債権法の施行も近づいていますしね
ああ 今回の法改正が債権の管理回収業務に及ぼす影響は大きい
しっかり勉強しておく必要があるよ
はい わかりました
まあ 頑張れよ
ありがとうございます
でも どうして今になって今回のような大きな法改正が行われることになったんでしょうか?
何か不都合があったということなのでしょうか?
それは こういうことだ…

解説

第1話　なぜいま債権法の改正か？

10年以上にわたる議論を経ての改正

このたび、民法のなかでも契約法・債権法といわれる分野の改正が行われました。改正の経緯としては、2000年初頭ごろから民法改正のための検討や提言などが行われ始め、2009年には法務大臣から法制審議会に対し、契約法・債権法分野の改正について諮問が行われました。以後、論点整理やヒアリング、中間試案やパブリックコメントの募集などが行われ、要綱案が整理された後、2015年に国会に法案が提出されました。ただ、その後も審理に時間を要し、最終的には2017年5月に改正民法が成立しました。施行日は、成立から3年後の2020年4月1日とされました。

振り返ってみれば、今回の改正は、10年以上にもわたる議論の成果ということができますが、では、そもそもなぜ、改正が必要だったのでしょうか。また、改正のポイントはどこにあるのでしょうか。

改正の対象は集約され、コンパクトに

民法は明治時代に施行された法律であり、以後、繰り返し改正が行われてきました。しかし、契約法・債権法の分野はさしたる改正もないまま、1世紀もの間存続してきました。

当然ながら、時代の趨勢や国民の価値観の変化、あるいは取引の多様化・複雑化によって、法律も姿を変えなければなりません。しかし我が国の民法は、規定が抽象的であること、民法を補完する特別法や裁判例（判例）の集積がなされてきたこと、規定の文言より解釈が重視されてきたこと、および、必ずしも民法の規定どおりの取引や合意である必要

がなかったことなどの理由から、法律を変える必要性が乏しかったと言われています。

特に、債権法の分野は任意規定が多く、民法の規定よりも当事者の合意が優先され、そもそも我が国の当事者間のルールとしては、条文の文言より信頼関係を重視すべきとの風潮がありました。つまり、ある意味、債権法が重視されていなかった状況があり、このことも改正が行われなかった理由と言えるかもしれません。

しかし、海外における法改正の動向や、国際的取引のルール化といった流れもあり、本来の法典のあるべき姿、すなわち、わかりやすく具体的な内容を具備した頼るべきルールを目指して、このたび債権法の改正が行われたのです。

なお、改正の対象としては、当初想定されていた範囲よりはややコンパクトにまとまり、国会での審議において、その提案理由も、「社会経済情勢の変化に鑑み、消滅時効の期間の統一化等の時効に関する規定の整備、法定利率を変動させる規定の新設、保証人の保護を図るために保証債務に関する規定の整備、定型約款に関する規定の新設等」を行うべきとの方針に集約されました。

では、次話から、今回の債権法改正について、具体的なポイントを見ていきたいと思います。


ここがポイント！

ある意味重視されていなかった債権法を、本来あるべき、頼るべきルールにすべく、行われたのが今回の改正。

第2話

定型約款の新設

昨夜はごちそうさまでした
TANPOPO
タンポポ銀行
少々呑みすぎました
俺もだ
家に帰ったら妻におこられたよ
それは大変でしたね
ははは
ところで昨日話していた債権法の改正ですが
今朝早起きして
よくわかる
改正債権法
買ったまま読んでいなかった解説書を見てみました
それはさっそくに感心だ
俺は二日酔いでそれどころじゃなかったよ
まだはじめの部分を見ただけなのですが
パラパラ
パラ

約款についての新しいルールができたそうですね
よくわかる改正債権法
ああ「定型約款」の話だね
これまで約款については内容が契約として認められない裁判事例もあった
そこでその点を補うものとして新しく設けられた考え方だ
預金約款や保険約款などもありますから
保険約款
預金約款
BANK
銀行の業務にも関わってきますね
そうだね
解説書ではよく理解できなかったのですが
詳しく教えていただけませんか

解説

第2話　定型約款の新設

●これまでは約款の内容が契約とならない場合も

本来、契約をするとなると、当事者間で、逐一細かな部分（条項）まで合意をしなければなりません。しかし、大量に行われる定型的な取引では、約款に従う旨の合意したほうが、安価かつ簡易・迅速に商品やサービスの提供が可能となるため、現在でも、約款に基づく取引が頻繁に行われています。例えば、鉄道や航空機の利用や、保険契約などは、約款に基づく取引の一例です。

しかし、これまでの裁判事例では、火災保険の当事者は約款の内容に合意して契約したと推定するものがある一方、当事者が約款の内容を認識していなかった場合、その内容は契約とならないとするものもありました。そこで、今回の改正民法（以下、改正法と言う）では、適正な取引を実現するため、「定型約款」という概念を設け、それに関連する①定義、②契約内容となる要件、③内容の開示義務、および④変更に関する規定を次のように設けました。

●合意の成立には内容の開示が必要

①定義…改正法は、ある特定の者が不特定多数の者を相手方として行う取引であり、その内容の全部または一部が画一的であることが双方にとって合理的なものを「定型取引」とし、その定型取引において契約の内容とすることを目的に、特定の者により準備された条項の総体を「定型約款」と定めました。

②契約内容となる要件…そのうえで改正法は、定型約款を契約の内容とする旨合意をしたときや、定型約款を準備した者があらかじめ定型約款を契約の内容とする旨を相手方に

表示していたときは、定型約款の個別の条項に合意が成立すると定めました。もちろん、そこに不当な条項等があれば、その条項については合意が成立しません。

③内容の開示義務…定型約款には、開示義務があります。例外はあるものの、定型取引を行うか、これから行おうとする定型約款を準備した者は、定型取引を行う合意の前か合意後の相当期間内に、相手方からの求めに応じて、原則としてその内容を示す義務があります。なお、定型約款を準備した者が定型取引合意の前に開示請求を拒んだときは、原則として、②で述べた合意があったとはみなされません。

④変更に関する規定…一定の要件を充たす場合にのみ、変更後の定型約款の内容どおりの契約があったものとされます。実体的な要件としては、㋐定型約款の変更内容が相手方の一般の利益に適合するときか、㋑定型約款の変更が契約をした目的に反せず、かつ、変更の必要性、変更後の内容の相当性等に照らして合理的なものであることがあります。

また、手続面での要件としては、変更後の定型約款の効力発生時期を定め、かつ、定型約款を変更する旨および変更後の定型約款の内容と効力発生時期をインターネット等の適切な方法により周知することがあります。㋐に基づく定型約款の変更の場合は、定型約款の効力発生時期が到来する前に、手続的な要件を満たす必要があります。

ここがポイント！

約款の内容が契約と認められない事例もあったことから、適正な取引実現のため、新しく「定型約款」の概念が設けられた。

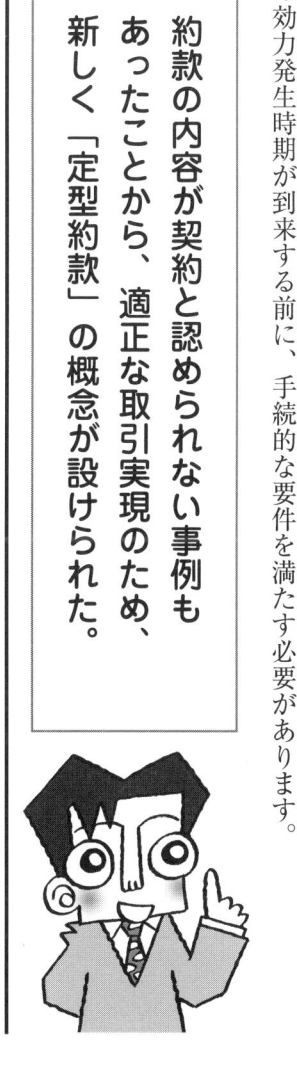

第3話 消滅時効制度の改正

ちょっと見せてみろ
はい
フムフム
これはこうだから
こうしてああして
そうするとこうなる
なるほどそう考えればいいんですね
ありがとうございます
時効期間の計算方法は権利の種類や状況などによって細かい点が違ってくる注意が必要だよ
はいわかりました
ただ今回の改正債権法によって消滅時効の制度はかなり単純化されるんですよね
そのとおり
改正債権法により時効の期間や起算点が変わるほか「短期消滅時効」の廃止時効の中断・停止の再構築などが行われる
改正債権法
制度がどのように変わるのか整理しておくようにね

解説

第3話　消滅時効制度の改正

●商法による商事債権の特例は廃止され、民法に一本化

消滅時効の制度とは、ご承知のとおり、一定の期間、債権者がその権利の行使を怠った場合には、当該権利が消滅してしまうという制度です。

一見単純な制度ですが、これまでは、いつから（起算点）、いつまで（完成時・年数）、どのような場合（時効の中断や停止）に権利が消滅するのか、その権利の種類や適用場面で相違があり、細かく理解をしておく必要がありました。そこで、今回の改正で、①債権消滅時の時効期間と起算点、②「短期消滅時効」といわれる例外制度の廃止、③時効の中断・停止を時効の「完成猶予」と「更新」として再構築、といった3つのポイントを中心に変更し、制度自体を単純化・統一化することになりました。

まず、①について、従来は、基本となる消滅時効は10年の期間が定められ、その期間は「権利を行使することができる時から進行する」とされていました。改正法では、これら期間と起算点をまとめて、「債権者が権利を行使することができることを知ったときから5年間」、または「権利を行使することができる時から10年間」で時効消滅するとして、債権者の主観に依拠するものと、客観状態に基づくものとの2本建てを原則としました。

これまでは商法で、商事債権については5年の特則がありましたが、これは廃止となり民法に一本化されています。また、例外として、人の生命・身体の侵害による損害賠償（短期5年、長期20年）、不法行為による損害賠償（短期3年、長期20年）、定期金債権（短期10年、長期20年）、判決で確定した権利（10年）があります。

②については、従来、売掛金や、工事の設計施工、医師や弁護士の報酬などについて、1年から3年程度の短期の消滅時効が定められていましたが、これらの短期消滅時効の制

度は廃止されて、①の原則に集約されました。

●新たに時効期間が進行する「更新」の制度も

最後に③については、従来は、時効の中断・停止事由（債務承認、請求など）等の解釈が錯綜し、また解釈上の中断事由が認められる（「裁判上の催告」等）など、かなり複雑でした。そこで、これら時効の中断等を、「時効の完成猶予」という制度にまとめました。「時効の完成猶予」事由があると、事由ごとに定められた期間、その時効の完成が猶予され、期間中は時効は完成しません。

また、事由によっては、時効が完成しないだけではなく、また新たに時効期間が進行する「更新」という制度が適用されます。具体的には、「強制執行」は、手続終了まで「時効完成の猶予」がなされ、さらに、手続完了後には新たに「更新」となりますが、他方、「仮差押」には「更新」がないので、手続終了後（猶予後）には、時効は完成してしまいます。一見複雑に見えますが、条文を手がかりに整理をすれば、消滅時効の制度が整理されていることがわかるでしょう。

ここがポイント！

複雑だった消滅時効制度が単純化・統一化。「短期消滅時効」などの例外は廃止され、時効の中断・停止事由も整理された。

第4話

法定利率の変更

課長 仕事も一段落したので今日はこれで失礼いたします
おお ご苦労さま
TANPOPO
タンポポ
あっ 加藤くん
そう いえば…
来月から住宅ローンの金利が上がるけど準備は大丈夫かな？
はい 対応できるようにしています
それにしても多少上がるとはいえ相変わらずの超低金利ですよね
まあ しょうがないな
そういえば 銀行ではあまり使いませんが遅延損害金などの算定で用いられる民法の法定利率は5%なんですよね
市中金利との差大きすぎますよね
市中金利
法定利率5%

そもそもなぜ民法では5%の金利になっているのでしょうか
帰り際に難しい質問をするね
たしか民法制定当時の金利がそのくらいだったとか諸外国の例を参考にしたとか諸説あったんじゃないかな
5%
3%
そうなんですかでも 今度の民法改正で法定利率は年3%になるんですよね
固定金利
変動金利
しかも変動金利に…
変動金利といっても市場で行われているようなものではないらしいね
なかなか複雑な考え方をするようだよ
そうだいい機会だし法定利率について少しこれから調べてみるか
えっ今からですか?
今日はちょっと用事が…
また今度お願いします
ではまたにしよう
ははは…

解説

第４話　法定利率の変更

市中金利の動向に合わせて変動する制度に

法定利率は、約定がない場合の利息や遅延損害金等の算定に用いられていましたが、その利率は年５％に固定されていました。超低金利の時勢の中、法定利率と市中金利との差が大きいこと等の問題点が指摘されており、そこで改正法は、法定利率を、①当面は３％としつつ、②市中金利の動向に合わせて変動する制度を導入することとしました。

もっとも、法定利率が頻繁に変動すると、債権管理の負担が大きくなってしまいます。そのため利率の見直しは、後述のように、変動が頻繁にならないような方法で行われます。また、法定利率が変動すると、具体的な事案において、いつの時点における法定利率を用いるかが問題となるため、その点についても規定が設けられました。

なお、商法においては、商行為によって生じた債務に適用される利率（商事法定利率）が年６％と定められていましたが、この商事法定利率も廃止されました。これは、商事法定利率のみ固定する必要はないことと、現代では、非商人であっても投資が可能な状態が整備されているためです。

利率の見直しは3年に一度、1％単位で加減

以下、改正の具体的な内容をみていきます。

まず、前述のとおり、法定利率は、当面3パーセントとされます。

次に法定利率の見直し方法ですが、3年を1期として、1期ごとに見直しが行われることになりました。見直しにあたっては、法務大臣によって告示される「基準割合」のうち、当期の「基準割合」（基準割合の計算方法は割愛します）と、法定利率に変動があっ

た期のうち直近のもの（これを「直近変動期」といいます。なお、法定利率の変動があるまでの間は、改正法施行後、最初の期のものが用いられます）とを比較し、それらの差が1％を超えるときに、「直近変動期」の法定利率（法定利率の変動があるまでの間は3％）に1％単位で加減することになります。

最後に、法定利息の基準時については、当該債権について利息が生じた最初の時点における法定利率によるとされています。そのため、元本債権に利息が生じた場合、それ以降に法定利率が変更されても適用される法定利率に変更は生じません。

また、金銭の支払いを目的とする債務を履行できなかった場合の損害賠償額は、約定利率がないときは法定利率によりますが、その際の利率は、債務者が遅滞の責任を負った時のものとされます。そのため、履行期が決まっている債務については履行期を経過した時点の法定利率が用いられ、他方、履行期が決まっていない場合は、債権者による履行請求日翌日の法定利率が用いられることとなります。

また、改正法施行前に利息が生じた場合は、改正前の規定が適用されることとなりますので整理が必要です。

ここがポイント！

市中金利との大きな差が問題視されていた法定利率は、年5％の固定金利から変動金利に変更。当面は年3％に。

第5話

保証制度の見直し

それで荒波不動産の経営状況を考慮して今回の融資では代表者の連帯保証をお願いすることになったんだな
はい
代表者の社長さんもこころよく受け入れてくれましたのでスムーズに実行ができそうです
それはよかった
個人の保証については社会問題としてもいろいろ検討されているところだがまだまだ保証人が必要となる融資はあるからね
そうですねそういえば今回の民法改正でも保証に関して変更があるんですよね
保証人の保護と言いますか配慮と言いますかこれらが手厚くなったと聞いています
保証人

ああ
これまで
貸金等の根保証に
適用されていた規定が
個人を保証人とする
根保証一般に広く
適用されることになる
改正前は当然に……
金融機関
請求
保証人
効力
主債務者
改正後
合意が
必要に
なるなど
当然にとは
いかなくなる
それに
債権の管理上
いままでは
保証人へ
通知をすれば
主債務者への
請求として
扱っても
よかったんだが
それには
別途合意が
必要になるなど
当然に
そういうわけには
いかなくなる
このあたりも
十分気を
つけないとね
ほかにも
保証人保護のための義務が
いろいろ新しく
設けられているから
我々も
気をつけないと
いけないね
当行はこれまでも
保証人に配慮した対応を
してきておりますので
今後も問題ないかと
思います
キリッ
それは
頼もしい
でも
改正法の勉強は
ちゃんと
しておいてね
はい

解説

第５話　保証制度の見直し

●先に実施されていた貸金等の根保証の改正を個人根保証一般に

保証債務は、金融機関にとって重要な担保であり、その改正のポイントを押さえておくことは担当者にとって必須です。

保証債務については、個人保証の社会問題化を受け、２００４年に、貸金等を主たる債務とする根保証に関してすでに改正が行われています。これに対して今般の改正では、貸金等の根保証に限らず、個人を保証人とする根保証一般について、その際の改正内容を広く適用するものとなっています。

貸金等以外の根保証といえば、継続的売買契約における買主の債務や建物賃貸借契約における賃借人の債務を、個人で根保証する場合などが挙げられます。このような「個人根保証契約」に関し、①極度額を定めることなど保証内容に関する規律、②要件（書面による極度額の定めなど）を充足しない場合に保証契約を無効とする規律、③元本確定事由の規律などが設けられました。

なお、民法の体裁上は、一般的な債権の根保証をまず規定し、その後、「貸金等根保証契約」の特則を設けることになっています。これらの相違点としては、貸金等の場合には、主債務者への財産への強制執行・担保実行、破産手続開始で元本が確定しますが、一般的な債権の場合は、根保証の元本は確定しないことなどが挙げられます。

●履行の請求の効力は、連帯債務の場合も相対的にとどまるように

次に、主たる債務者と保証人の関係ですが、主たる債務者に生じた事由が保証人にも及ぶことに大きな変更はありません。ただ、保証人が援用できる主たる債務者の抗弁につい

て、より具体的で明確な整理がされています（相殺、解除等の事由に基づく履行拒絶権）。

一方、従来は、（本来、保証人に生じた事由は当然には主たる債務者に効力が及ばないが）連帯保証人の場合には連帯債務の規定が準用されていたために、連帯保証人に対する履行の請求などは主たる債務者にも効力を及ぼしていました。この点、改正法では、履行の請求に関し、連帯債務の場合でも相対的効力にとどまるとされましたので、連帯保証人に対する請求は、主たる債務者の消滅時効の完成猶予事由などにはなりません。このため、金融機関等の債権者としては、主たる債務者との間で、連帯保証人に生じた事由について効力が及ぶように、あらかじめ別途合意をしておく必要があります。

その他、保証人保護のために、「事業に係る債務」の保証に関し、①あらかじめ公正証書により保証の確認をとる義務、②主債務者から保証人に対し、契約締結時に財産・収支といった信用情報を提供する義務、③契約締結後に、債権者から保証人に対し、主債務者の履行状況の情報提供を行い、また、期限の利益が喪失した場合に情報を提供する義務が新設されました（個人と法人、委託の有無で差異があります）。

これらの措置や義務に不履行があると、保証契約が無効になるなどの不利益が生ずる可能性がありますので、債権者には保証人への配慮が一層求められます。

ここがポイント！

貸金等の根保証における規律が個人の根保証一般に適用されるようになった。保証人保護のための債権者の義務も増加。

第6話

債権譲渡に関する改正

請負代金は譲渡制限の約定がついていたんじゃないのか？
請負代金
譲渡禁止
それがあまりきちんとした建築請負契約書を取り交わしていなかったようで…
当行も廃墟建設の役員から聞いた範囲で動いたのですがうまくいきませんでした
そうか債権差押えもなかなかうまくいかないものだね
ひとたび信用不安に至ると債権なんかは 債権者間で取り合いになってしまうしね
報酬債権
売掛債権
当行としても不良債権をサービサーに移管することもありますので債権譲渡に関する法改正について確認しておきたいと思います
おっなかなか積極的だねえ
いや簡単な分野だと思ったのでたまには課長にアピールしようかと…
7話につづく……

解説

第６話　債権譲渡に関する改正

●譲渡制限特約が付された債権の譲渡も有効に

債権譲渡に関しては、債権の譲渡を禁止または制限する特約（以下、「譲渡制限特約」という）の法的効力等が見直される一方、これまでの法的解釈や判例の立場を反映した規定が明文化されました。以下、主だった改正点を解説していきます。

これまで、債権譲渡は自由であることが原則とされつつも、譲渡制限特約が付された債権の譲渡は無効とされていました。しかし、中小企業等が自身の債権を担保として資金を調達することに支障があるという指摘があったため、改正法は、譲渡制限特約が付された債権の譲渡も有効である、という立場をとりました。

一方で、債務者や債権の譲受人との利害関係の調整も行いました。債権譲渡を債務者の視点からみると、債権譲渡によって債務の弁済の相手方（債権者）が変動することとなります。譲渡制限特約は、弁済の相手方を固定し、第三者が弁済の相手方となることを防ぐというメリットがあるため、改正法は、譲渡制限特約の付された債権譲渡を有効としつつも、譲受人が譲渡制限特約の存在を知っていたか（これを「悪意」という）、知らなかったことに重過失がある場合には、債務者は債務の履行を拒むことができ、かつ譲渡人に対する弁済等をもって譲受人に対抗できるとしました。

●「異議をとどめない承諾」は廃止

また、債務者が弁済の相手を誤ることを予防するため、譲渡制限特約が付された金銭債権が譲渡された場合、債務者は供託ができることになりました。そのほか、譲受人の立場にも配慮をし、譲受人が譲渡制限特約に悪意または重過失である場合も、譲受人から債務者に対して、相当の期間を定めて譲渡人への債務の履行を催告しても履行がないときには、債務者へ自身に支払うように請求できるようになっています。

また、譲渡人に破産手続開始決定があった場合には、譲渡制限特約について悪意（重過失）の譲受人であっても、債務者に対して、債権の全額相当の金銭を供託するよう求めることができることになりました。他方、預貯金債権については、迅速な払戻しと、大量の債務の管理が必要であるため、従前と同様、譲渡制限特約に関して悪意（重過失）の譲受人の場合には債権譲渡は無効となります。

次いで改正法は、「異議をとどめない承諾」を廃止しました。「異議をとどめない承諾」とは、異議を述べることなく承諾することで、これにより債務者は抗弁を対抗できなくなるというのが従来でした。例えば債権譲渡では、債権が「譲渡されたことを認識した」と債務者が譲受人に通知した場合、これにより債務者は抗弁を対抗できなくなったわけです。これが今回廃止となったのです。

今後は、譲受人が債務者から譲渡人に対する抗弁を主張されないためには、債務者から積極的に「抗弁の放棄」をしてもらわなければなりません。抗弁の放棄がない限り、譲渡人に対する抗弁がそのまま譲受人に対しても対応されてしまうからです。

ここがポイント！

譲渡制限特約の法的効力等が見直され、特約が付いた債権の譲渡も有効になったり、「異議をとどめない承諾」が廃止になった。

第7話

債務引受に関する改正

おいおい
加藤君
簡単な分野だなんて
債権譲渡をなめてかかると
痛い目をみるぞ
あ…
はい
じゃあ 一つ
質問しよう
債権譲渡が
わかっていれば
その逆 すなわち
「債務引受」
についても
よくわかって
いるだろうから
教えてもらい
たいんだが…
え？
債務引受なんかは
これまでもよく
使っていましたので
いまさら
教えるもなにも
では聞くが
債務引受について
今回の改正法では
もとの債務者が
責任を負う場合と
負わない場合に分けて
規定が設けられたよね
えーっと
「併存的」と「免責的」と
いうことでしょうか？
併存的
免責的

そうだ
では　その2つの方法について債権者となる当行は「だれ」と「だれ」との間で契約をすればよいのか教えてくれるかな？
ええ　え…それは当行ともとの債務者と新しい債務者と…
もとの債務者
新債務者
合意
TANPOPO
その3者間で合意をすればまずは間違いないね正解といえば正解かな
でもそもそも債務引受について民法に規定があったか？どんな場合に債務引受が有効になるかなんて法律に規定があったか？
それはよくわかりませんが
関係者間で合意をすればそれはそれで有効な約束ごとになるのではないでしょうか？
それだけでは十分な答えとは言えないな
ぜひ調べておくんだね
は…はい

解説

第7話　債務引受に関する改正

●「併存的債務引受」と「免責的債務引受」を新設

従来の民法にあっては、債務引受に関する明示の規定はなく、解釈上、関係当事者間の合意によって認められてきました。金融機関の実務においても、相続の場面や、事業譲渡の場面において、頻繁に利用されてきた経緯があります。

そこで改正法では、真正面からこれらを規定することとし、「併存的（重畳的）債務引受」と「免責的債務引受」の２種類をそれぞれ新設することになりました。

併存的債務引受とは、債務者も引受者と連帯して債務を負担し続ける債務引受を言い、一方、免責的債務引受とは、もともとの債務者は債務を免れるかたちの債務引受を言います。

さて、まずは併存的債務引受についてですが、要件としては次のとおりです。

○債権者、債務者、引受人の３者合意……可能
○債権者、引受人の２者合意……可能（債務者の意に反しても可能）
○債務者、引受人の２者合意……可能（ただし、債権者の承諾が必要）

また、債務者と引受人との関係は連帯債務と明示され、連帯債務の規定が適用されます。

そもそも、債務者が負担していた債務について同一性を保持したまま引受人が負担をするのですから、引受の効果が生じた時に債務者が有していた抗弁事由は、引受人も債権者に対し対抗することができます。債務者の取消権や解除権に関しても、債権者に対する履行拒否権として行使をすることができます。

なお、併存的債務引受は保証と類似しますし、保証の潜脱（保証人保護の規定の抜け

穴）として利用されることが懸念されていますが、最終的には当事者間の意思解釈の問題として処理されざるを得ません。

●免責的債務引受では担保（保証）の移動に注意

次に免責的債務引受ですが、締結当事者の要件は次のようになります。

○債権者、債務者、引受人の3者合意……可能
○債権者、引受人の2者合意……可能（ただし、債権者から債務者への通知が必要）
○債務者、引受人の2者合意……可能（ただし、債権者の承諾が必要）

引受人が債務者の抗弁を主張できることは併存的債務引受と同じですが、異なる点としては、①引受人は債務者に対し求償権を取得しない（ただし別途合意は可能）、②担保（保証）の移転については設定者の承諾が必要、といったところです。

免責的債務引受は、債務者の責任を免ずるわけですから、この点から生ずる相違点ということができます。

ここがポイント！

従来の民法には明示の規定がなかった債務引受だが、改正法で2種類の債務引受が規定され、ルールが定められた。

第8話

弁済に関する改正

今日の朝礼の発表は加藤君だね
最近取り組んでいることや課題などを話してくれ
お
おはようございます
……ということで債権法改正の勉強をしています
わからないことあればぜひ私に聞いてください
パチパチパチ
ペコリ
加藤君すっかり自信をつけたみたいだね
はい課長！
TANPOPO
タンポポ銀行

私も勉強して驚いたのですが今度の改正ではけっこう細かい部分まで改正がなされていて気をつけていないと「あらぬ失敗」なんてこともあり得ますよ
へぇ そうなんだ
一方 改正に関しては
現場で使いやすいようにとの配慮がなされているように思います
たとえば どういう こと？
当行の融資業務において重要な「弁済行為」についてですが
第三者が弁済する場合の規定が整理されたり
第三者が弁済する場合の規定
債務者の承認不要
預金口座への振込による弁済
代位が生ずる場面での債務者の承認が不要となったり
預貯金口座への振込による弁済の関係が整理されたり…
ペラ
ペラ
ペラ
ペラ
そうか
どうだろう今度の昼休みにでも課のみんなに講義してもらうというのは
えっ 僕が ですか
いつでもおまかせくださいと言いたいところですが
願わくば勉強したことを忘れないうちに…

解説

第8話　弁済に関する改正

●預貯金口座への振込みによる弁済の効力発生時期を規定

新しい債権法では、弁済に関連する諸規定について改正を行いつつ、これまでの判例や解釈の一部をわかりやすく明文化することになりました。

その改正点の一つに、第三者弁済に関するものがあります。通常であれば債務の弁済は債務者が行うのですが、様々な理由から、債務者以外の第三者から弁済を行うことがあります。これを「第三者弁済」といいますが、この点については詳しくは第25話で解説したいと思います。

次いで、預貯金口座への振込みによる弁済について規定が設けられました。預貯金口座への振込みによる弁済については、①弁済の効力の発生時期と、②払い込まれた金銭について、預金契約者の金融機関に対する預貯金債権の成立の時期をいつにするのかが問題となります。

これらの点について改正法は、まず①弁済の効力の発生時期を、払い込まれた金銭について、金融機関に対する債権者の預貯金債権が成立したときとしています。これは、この時点が、受取人が処分可能な形で確定的に預貯金債権を取得したといえるためです。もっとも、②預貯金債権の成立時期については、規定の創設は見送られました。この点については、入金記帳時に弁済の効力が発生するとした判例はあるものの、それに対しての問題点も指摘されており、今後の解釈に委ねられた次第です。

●代物弁済の効力発生は合意のみで足りることに

債務者が誤って債権者等の受領権者以外の者に弁済した場合、原則として弁済の効力は生じません。もっとも、「債権の準占有者」に対する弁済は、一定の場合に有効とされていました。この点について改正法は、従前の解釈に従って「債権の準占有者」の内容を明確化しました。他方、これまで受取証書の持参人に対する弁済が原則として有効とされていた点は、合理的でないとして、条項が削除されました。

なお、債務の弁済に関し、代物弁済（本来の金銭債務の弁済に代えて、不動産や動産類を譲渡すること）の効力発生には、「代物」給付は必須ではなく、合意で足りるとし、これに対し、債務の消滅の効力には、代物の給付が必要であることを明確化しました。

さらに、弁済による代位についても改正が行われました。第三者が債務を弁済した場合、その第三者が弁済をするにあたって正当な利益を有しない場合は、従前は、債権者の承諾がなければ弁済による代位ができないとされていました。改正法では、それには合理性がないとして、債権者の承諾なく代位ができるようになりました。

また、保証人が担保の設定された債務者の不動産の第三者に対して代位するにあたって、これまでは必要とされていた付記登記も不要となりました。

ここがポイント！

預貯金口座への振込みによる弁済や代物弁済の効力発生時期、弁済が有効な「債権の準占有者」などが明文化された。

第9話

相殺の適用場面の明確化

今日は昼食時間を使ったランチ勉強会ということで
私から債権回収について発表します
まずは弁済についていくつかポイントを示します
このレジメをご覧ください
このレジメいいねわかりやすいよ
ありがとうございます
……では次に相殺の話に移ります
弁済と同じように債権回収の効果を発揮する手段として相殺があります
茶
ただ 相殺については今回あまり大きな変更はありませんので割愛します
おいおい加藤君それでも少しは説明をしてくれないかな
?
?
?

相殺の考え方とか
あと よく問題になるのが
差押えと相殺の
優劣なんかだが
その点はどうなのかな?
あー その点については
あまり変更が
ないってことで
実は私も
本を読み飛ばして
いました へへへ……
それは
困ったな
わかった
せっかくだから
相殺について
どんな場合に
どこまで相殺の効果が
主張できるのか
整理しておこう
無制限説って
聞いたことが
あります
無制限に
できるのでは
ないでしょうか
うーん
たしか…
相殺ができる範囲は
改正法できちんと
明文化されたようですよ
それだよ!
その話を
加藤君から
聞きたいん
だよ

解説

第９話　相殺の適用場面の明確化

●「無制限説」を採用した昭和50年の判例がエポックに

相殺は、弁済などとともに、有力な債権回収の手段として金融実務上重要な権利となります。相殺については、従来から民法５０５条以下において規定がなされていますが、当初から債権債務関係にある当事者に変更がなければ、あまり問題は生じません。しかし、相殺の有効性から、債権譲渡と相殺、差押と相殺などでどちらが優先されるかが、対立する当事者（債権者）間で争われることがこれまで多くありました。

これら相殺を論ずるにあたり、最も重要な判例が昭和50年に出されています。相殺に関しては、対立する２つの債権（相殺の意思を示す側の債権＝自働債権と、相殺される側の債権＝受働債権）を対当額で消滅させる意思表示となります。その相殺の可否に争いがあったのですが、この判例では、債権の弁済期の先後を問わずに、幅広く相殺が可能という「無制限説」を採用したと解されており、現在もそのように解釈されています。

●受働債権が債権譲渡された場合でも、弁済期前に相殺可能

改正法においては、従来からのこの理解を前提に、相殺の適用場面を明確化しました。

まず、債権譲渡との優先順位ですが、これは条文が債権譲渡の場所（改正法４６９条）にあり、「対抗要件具備時より前に取得した譲渡人に対する債権による相殺をもって、譲受人に対応することができる」（同条１項）とされています。要するに、受働債権が債権譲渡された場合でも、譲渡人に対して自働債権を有している債務者は、弁済期前であっても、遡って相殺ができるということになります。これは、従前も同様の理解をされていたところです。

また、同じく債権譲渡の場合、「対抗要件具備時より後に取得した譲渡人に対する債権であっても、（中略）前項と同様とする」（同条2項）とされています。要するに、受働債権が債権譲渡された後でも、債務者は新たに取得した自働債権で相殺ができるということです。

ただし、新規取得の債権に際限がないとすれば不公平ですので、新規取得の自働債権は、「対抗要件具備時より前の原因に基づいた債権」「譲受人の取得した債権（注：受働債権）の発生原因に基づいて生じた債権」に限るとされています。これも従前からの理解と変わりがありません。債務者の相殺への期待を保護しようとするものです。

次いで、差押と相殺についても、従来の判例の判断（無制限説）どおりの処理となります。ただ、法律の文言では、まずは相殺ができない場合を規定しています。その裏返し（反対解釈）として、「差押」を境にして相殺を認めていますので、条文の読解に注意が必要となります。

なお、差押の場合は債権譲渡と異なり、差押後に取得した債権に「譲受人の取得した債権（注：受働債権）の発生原因に基づいて生じた債権」は含まれていませんので、この点も注意が必要です。

ここがポイント！

相殺の「無制限説」を採用した判例を前提に、改正法はその適用場面を明確化。債権譲渡や差押との優先順位が明確化された。

第10話

債権者代位と詐害行為

いや でも それは
安泰商事さんの
唯一の資産ですから
勝手に処分されても
困りますよ
ガチャッ
あっ
切られた…
プープー
加藤君
どうしたんだ
大きい声を
出して…
安泰商事といえば
安泰商事
ここ3ヵ月の
返済が滞っている
融資先じゃないか
何かあったのか
はい
実は…

安泰商事さんが自社ビルを
売却するそうなんです
売出し中
安泰商事
安泰商事さんの自社ビルは
同社に残された
唯一の資産なので
追加担保に入れて
もらえるか確認を
していたところでした
そうか
それは
困ったな
安泰商事さんは早晩
行き詰まるだろうから
当行としても
債権保全の策を
とらないといけないね
でも 破産の
場合には
今回の自社ビル売却は
否認に該当して
取り戻されるのでは
ないでしょうか
破産のタイミング
次第だね
それより 今の段階で
詐害行為取消に該当
するかもしれないので
自社ビルの売却をしない
ように働きかけないと…
そうですね
そのためにも
詐害行為取消と
否認権の整理をして
説得に当たります
そこは
債権法改正の
ポイントの
一つでも
あるからね
よろしく
はい

解説

第10話　債権者代位と詐害行為

●債務者の財産を確保するための権利

債権者の債権が実現されるためには、債務者に財産があることが前提です。そこで、債務者の財産を確保するための権利として、債権者代位権と詐害行為取消権があります。

債権者代位権は、債務者が自身の債務者（以下、「第三債務者」という）に対する権利（以下、「被代位権」という）を行使しないときに、債権者が債務者に代わって被代位権を行使できる権利です。他方、詐害行為取消権は、例えば、債務者が保有していた財産を第三者に譲るなどして、不当に財産を減少させた場合は、債権者がその譲渡行為などを取り消すことができるという権利です。

これらの権利は従前も規定がありましたが、改正法は、裁判例や解釈で示されていた要件等を明文化しつつ、一部について裁判例等から変更を加える形で見直しをしました。特に、詐害行為取消権は、破産法との整合性も考慮して見直しがされています。

●詐害行為の類型を挙げ、類型ごとに細かい要件を設ける

まず、債権者代位権の変更点ですが、債権者代位権が行使された場合、従前は、債務者がその旨を認識したとき等には被代位権の処分権限を失うとされていました。しかし、債務者の権利行使によっても、債務者の財産が確保されることに変わりがないので、改正法では、債務者は被代位権について処分権限を失わず、第三債務者も債務者に対して履行できると変更されました。

このため、債権者代位訴訟が提起された場合には、債務者がそのことを知り、裁判に関与できるようにするために、訴訟告知をしなければならなくなりました。

次いで、詐害行為取消権については、細かい点を含めていくつか改正されています。

まず、詐害行為取消権を行使する場合、当該債権者の被保全債権は、詐害行為の前の原因に基づいて生じた債権であればよいと明示されました。また、破産法の否認権に倣い、詐害行為の類型を挙げ、類型ごとに細かい要件が設けられました。

さらに、詐害行為取消訴訟が認容された場合の効果も見直されました。改正法は、詐害行為が取り消された後の各関係者の利害関係に整合性をつけるため、従前の判例を見直し、詐害行為取消請求を認めた確定判決は、債務者とすべての債権者に対しても効力を有することとしました。

あわせて、詐害行為取消訴訟を提起した債権者は、債務者が訴訟に関与する機会を設けるため、債務者に対して、訴訟告知をしなければならなくなりました。

なお、改正法は、詐害行為取消訴訟の出訴期間を、債権者が詐害行為を知った時から2年、詐害行為時から10年に定めています。

ここがポイント！

詐害行為取消請求を認めた確定判決は、債務者とすべての債権者に対しても効力を有することとなった。

第11話

その他各種取引契約の改正

む～ん
ふー
疲れた…
ちょっと
一休み
すると
するか…
それにしても
銀行員って
やっぱり
大変だよなあ
覚えなくちゃ
いけないことが
たくさんあって
法律が変わったら
そのたびにフォローも
しなくちゃいけないし…
こんな愚痴を
こぼしたら
また課長に
怒られそうだけど
改正
債権法
加藤君
銀行員は
日々これ精進だ
いくつになっても
どれだけ昇進しても
勉強からは
逃れられないのだ
…な～んて
言いそうだな

それにしても 今回の法改正は
13種類ある民法の典型契約のうち
10種類の典型契約で改正が
なされたみたいだし
使用貸借
雇傭
売買
贈与
消費貸借
請負
賃貸借
寄託
委任
組合
交換
終身定期金
和解
改正なし
これを一気に
理解するのはかなり
大変だよなあ…
賃貸借や請負なんかは
日常の融資業務に
あまりなじみがないし
何を言っているんだ!
我々の取引先には
不動産賃貸会社もあれば
工事会社もあるんだ
そうしたお客様と
話していて
賃貸借や請負の
改正の話が出た時に
「知りません」
「わかりません」じゃ
当行の職員として
恥ずかしいだろ
まあ課長なら
きっとこう言う
だろうけど…
む～ん

解説

第11話　その他各種取引契約の改正

●担保責任は契約上の不履行責任として整理

ここまで見てきたとおり、一口に債権法分野の改正といってもボリュームがあり、なかなか細かい点まで理解するのは大変だと思います。しかも、ここまで見てきたのはいわば債権総論に関しての改正でしたが、当然のことながら、債権各論についても改正が行われています。民法には13種類の典型契約が定められていますが、今回の改正で変更がないのは、交換、終身定期金、和解の3種類であり、残りの10種類については改正がなされています。

そこで、ここでは、いずれの典型契約にも共通する4つのポイントを述べておきたいと思います。

まずは（瑕疵）担保責任です。債権法は担保責任について、売買契約のところに規定を置き、その他の有償契約に準用する方式をとっていますが、要するに、対象物に瑕疵（物的瑕疵、数量不足、権利の瑕疵など）がある場合には、相手方（買主、賃借人等）に救済の手段を付与するものでした。

この点、改正法は、物の瑕疵と、権利の瑕疵を区分したうえで、いずれも、債務不履行の一態様として処理をすることにしました。これまで、担保責任は契約上の責任ではなく、法定の特別な責任であるとの解釈もあり混乱をしていましたが、改正法では、単純に契約上の不履行責任として整理をしました。

●消費貸借等は、当事者間の意思表示のみで契約が成立

次いで、要物契約（契約の成立に際し、物の移転を要件とする契約）を諾成契約（意思

表示の合致のみを要件とする契約）化しました。

従来、要物契約として整理をされていた消費貸借、使用貸借、寄託に関し、相手方（賃借人、使用借人、受託者）が目的物を受け取らなくても、（消費貸借のみ書面が必要となるが）当事者間の意思表示のみで契約が成立することを認めました。ついては、相手方は物を受け取るまでに、成立している契約を「解除」することで契約関係から離脱することになります。

さらに、役務提供型の契約（雇用、請負、委任、寄託）に関しては、結果として役務が提供されない場合、その不提供の原因によって報酬の有無が決められることになります。危険負担と同じような考え方となります。

最後に、契約の終了に関する規定が整備されました。賃貸借、使用貸借、請負、委任、雇用、寄託について、契約の終了に関し、契約ごとにバラバラに設定されていた終了事由を整理して、系統立てて規定し直し、また、他の法律（例えば破産法）との関係から横断的に整備がなされました。

ここがポイント！

典型契約の改正に共通するポイントは、①担保責任、②要物契約の諾成契約化、③役務提供型契約の報酬、④契約の終了規定。

まとめ

●結論が解釈に委ねられたままの問題も

これまで見てきたように今回の債権法改正は、新たに権利が創設されたり、制度を大きく変更したりといった類のものではなく、従来より対応が分かれていた実務上の問題点や、解釈に混乱をきたしていた争点などについて、しっかりと結論を出したという色彩が強いものになっています。また、これまでの実務や裁判例の集積を踏まえて、よりわかりやすく、細かい点についてまで、きちんと明記した改正であるといえます。

このため、条文にあたっていると、結論や効果は理解できるが、細かい具体的なケースや適用場面が想定できないこともあるかもしれません。そうした場合には、本書などをもとに、当事者の関係や、問題となっている場面を想定し、当てはめながら検討してみてください。例えば、保証人に関する規程であれば、保証人が個人か法人か、債務者から委託があるのかどうかなどを思い浮かべ、どのような規制がなされているのかを見てください。

一方、今回の改正においても、具体的な結論は結局、解釈に委ねられた問題もあります。例えば、併存的債務引受となるのか保証と見るべきなのかといった問題については、区別のための要件は特には設けられず、様々な現実のケースをもとに、個別に解釈して決せられることになります。

このように債権法の分野において、争点として詰め切れなかった点や、今後の課題点や、実務や裁判例の解釈に委ねられた点に関しては、実務の集積または、さらなる民法改正によって、より充実したものになることが予測されるところです。

2

債権管理の実務編

新春商事はここ3ヵ月くらい返済が滞っていて
社長とは連絡がとれていません

こういうケースの場合は単純に申し出を拒否することはできず2つの方法から選択するんだが――
わかるかい？
え…

〈当事者の変動〉

第12話 物上代位権と債権譲渡

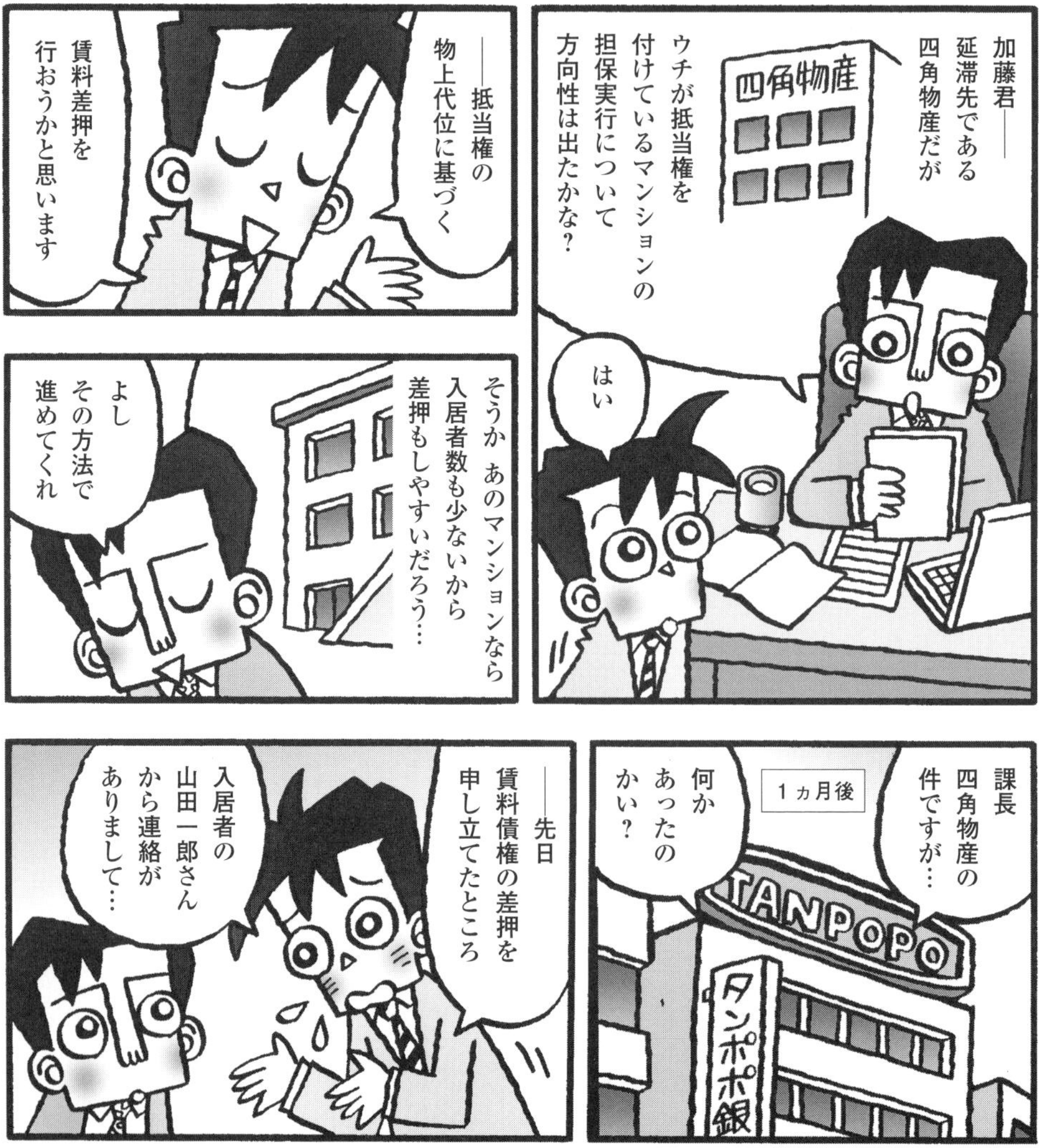
加藤君——
延滞先である
四角物産だが
ウチが抵当権を
付けているマンションの
担保実行について
方向性は出たかな？
四角物産
はい
——抵当権の
物上代位に基づく
賃料差押を
行おうかと思います
そうか あのマンションなら
入居者数も少ないから
差押もしやすいだろう…
よし
その方法で
進めてくれ
課長
四角物産の
件ですが…
1ヵ月後
何か
あったの
かい？
TANPOPO
タンポポ銀
——先日
賃料債権の差押を
申し立てたところ
入居者の
山田一郎さん
から連絡が
ありまして…

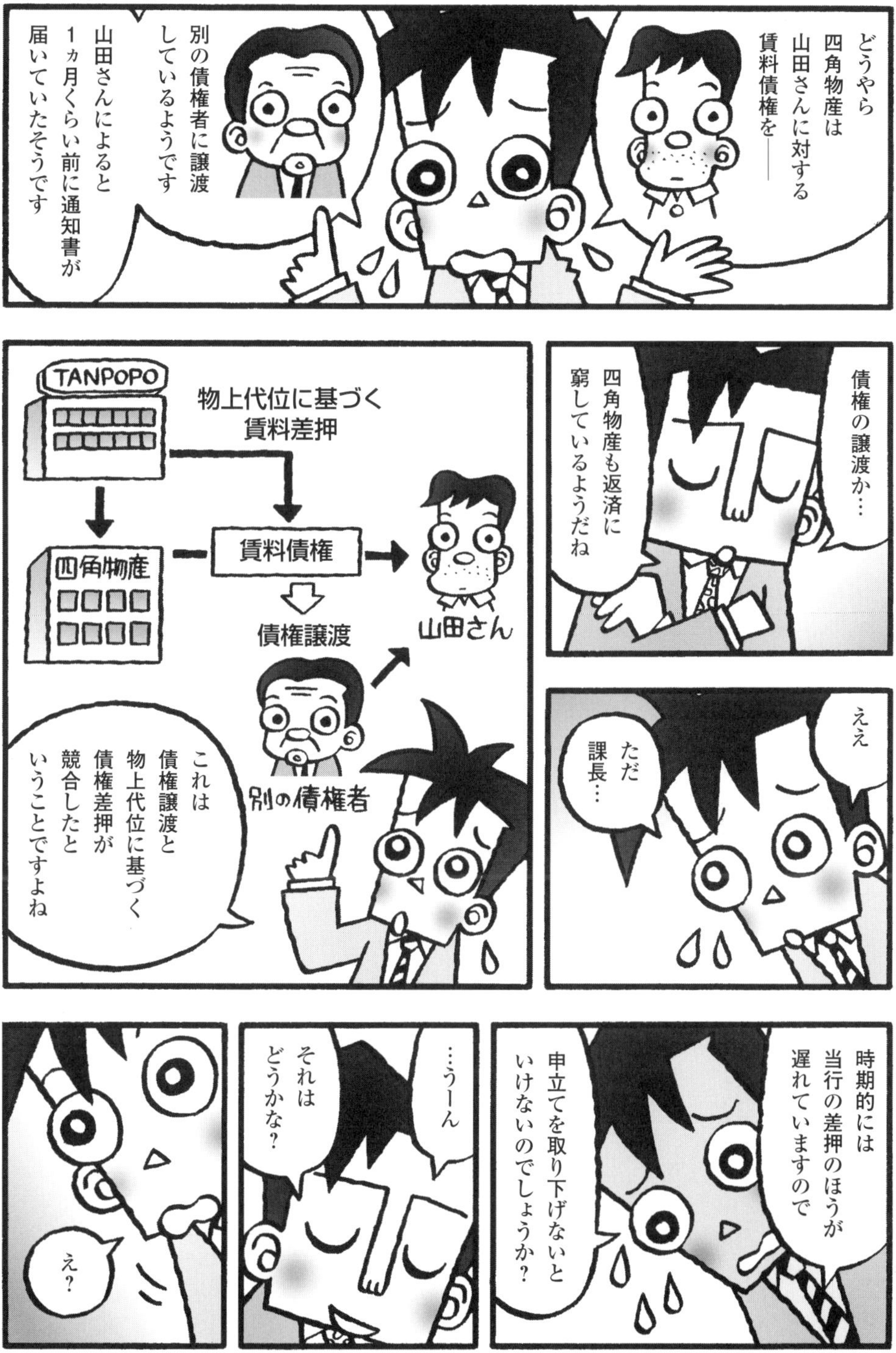

どうやら四角物産は山田さんに対する賃料債権を――
別の債権者に譲渡しているようです
山田さんによると1ヵ月くらい前に通知書が届いていたそうです
債権の譲渡か…
四角物産も返済に窮しているようだね
TANPOPO
物上代位に基づく賃料差押
四角物産
賃料債権
債権譲渡
山田さん
別の債権者
これは債権譲渡と物上代位に基づく債権差押が競合したということですよね
ええ
ただ課長…
時期的には当行の差押のほうが遅れていますので
申立てを取り下げないといけないのでしょうか？
…うーん
それはどうかな？
え？

解説

第12話　物上代位権と債権譲渡

現金等の返済原資がない債務者にはあり得る手法

金融機関が、抵当権の実行により被担保債権の回収を図る場合、いくつかの方法があります。例えば、担保不動産の競売申立てや、抵当権の物上代位として物件の所有者が賃借人に対して有している賃料債権を差し押さえる方法などが挙げられます。

マンガのケースでは、タンポポ銀行は抵当権の物上代位として、四角物産が自社マンションの入居者（本ケースでは山田一郎さん等）に対して有する賃料債権を差し押さえるという方法を選択したようです。

ところが、このような場合、債務者（本ケースでは四角物産）が、他の債権者に対する弁済のために、入居者に対して有している賃料債権を譲渡していることがあります。

賃料債権は、将来発生する金銭債権の性質を有していますが、これをまとめて債権譲渡することも可能ですので、現金などの返済原資を有さない債務者としては、この手法を選択することもあるのです。他方、抵当権者（本ケースではタンポポ銀行）としては、物上代位の目的物である賃料債権が債権譲渡によって消滅してしまうと、予定していた債権回収に支障が生じてしまいます。

物上代位権の行使は債権譲渡に優先する

この問題は従来、「抵当権者による物上代位権の行使と目的債権の譲渡」として論じられていましたが、平成10年に相次いで出された最高裁判所の判決によって、抵当権者が優先することになりました（最判・平10・1・30、同2・10）。

民法では、担保権者が物上代位権を行使するためには、担保の目的物の代替物（金銭、その他の物）が債務者に「払い渡しまたは引き渡し」される前に差押をしなければならないとしています（民法304条）。

そこで、債権譲渡がこの「払い渡しまたは引き渡し」に当たるかどうかが問題となりますが、仮に、これに当たるとすれば、債権譲渡後には、もはや抵当権者は物上代位ができないことになります。

この点、判例では、債権譲渡は「払い渡しまたは引き渡し」に該当しないとして、すでに抵当権の設定登記がなされていた抵当権者の物上代位権行使を認めたのです。

以上からすると、マンガのケースでは、タンポポ銀行が行った物上代位による賃料差押が優先しますので、山田一郎さんから、差押後の賃料を受け取ることができます。したがって、タンポポ銀行が申立てを取り下げる必要はありません。

ちなみに、債権譲渡ではなく、他の債権者が当該賃料債権の転付命令を得て、第三債務者に送達されたケースでは、転付命令が優先することになりますので（最判・平14・3・12）、この点には十分注意することが必要です。

ここがポイント！

債権譲渡は「払い渡しまたは引き渡し」には該当せず、賃料債権が譲渡されていても物上代位による賃料差押が優先する。

債権管理の実務編

〈当事者の変動〉

第13話

相続放棄の「熟慮期間」

もしもし——タンポポ銀行の加藤と申します
ご主人の浩二様をお願いできますか
タンポポ銀行さん実は——
主人は2週間前に他界しまして…特に財産もありませんのでローンの返済はできないと思います
そうですか…
課長——

3ヵ月延滞となったため期限の利益の喪失通知を出していた山田浩二さんの件ですが…
2週間前に亡くなったそうです
それはお気の毒に
ご家族の話では遺産は特にないとのことでした
そうか じゃあ債務の相続がどうなるのか
そのあたりの処理はしっかり確認しておきなさい
3ヵ月後
すみません
主人の件は何も手つかずで…
エッ
——では相続放棄の手続きもまだ行っていないのですか？
はぁ
難しいことはよくわからなくて…
——相続放棄が行われていないのなら相続人に対して請求をしなければならないよな…
相続放棄の手続きっていつまでできるんだろう？

解説

第13話　相続放棄の「熟慮期間」

相続放棄等を選択する場合は一定期間内に申述が必要

金銭債務というマイナスの財産も、プラスの財産と同様に相続の対象となりますので、被相続人が負担していた債務は、相続人に相続されることになります。

この点、民法では、「相続人は相続財産を承継するか否かを選択することができる」ことになっています。

すなわち、被相続人の財産（積極財産、消極財産含めて）を、そのまま単純に相続するか（これを単純承認という）、とりあえず相続財産限りで債務を清算し、なおプラスがあればそれを承継するか（これを限定承認という）、まったく相続しないか（これを相続放棄という）を選択できることになります。

ここで、相続放棄などを選択できる期間を「熟慮期間」といいます。そして熟慮期間は、「自己のために相続の開始があったことを知ったときから3ヵ月以内」となります。

相続放棄をする場合には、この熟慮期間内に、家庭裁判所に対して「相続放棄の申述」を行わなくてはなりません。相続放棄の申述を行わずに熟慮期間を経過した場合には、相続人は単純承認をしたことになります。

相続が開始した事実などを知らなかった場合には…

では、この熟慮期間の起算点はいつになるのでしょうか。

法律上は「自己のために相続の開始があったことを知ったとき」となっていますが、これは「相続が開始した事実」および「自己が相続人となった事実」を知ったときであるとされています。相続人が被相続人と同居している親族の場合、これらの事実は、被相続人の死亡時に認識できる場合が多いといえるでしょうから、熟慮期間の起算点は、原則的に被相続人の死亡時となります。

ただし、相続人は自己が負債の原因を作ったわけではないので、この原則を厳格に運用すると、相続人に酷な結果となることがあります。

そこで判例では、例外的な救済として、3ヵ月の法定期間内に相続放棄をしなかったのが、被相続人に相続財産がまったく存在しないと信じたためであり、そのように信じたことについて相当な理由があるときは、熟慮期間は、相続財産の全部または一部の存在を認識したとき、または通常これを認識できるときから起算することとしました（最判・昭59・4・27）。したがって、被相続人が相続人と音信不通のまま死亡した場合や、相続財産の存否を確認することができないような事情がある場合には、熟慮期間が繰り下がることもあり得ます。

マンガのケースでは、当初の対応に出たのが山田浩二さんの妻でした。妻は、浩二さんの死亡時点で、相続開始の事実と自己が相続人である事実を知っており、またローンを含む相続財産の存在を認識していたわけですから、基本的には、3ヵ月の経過により単純承認をしたと考えざるを得ないと思われます。

ここがポイント！

事情によっては熟慮期間の延長もあるが、基本的には被相続人の死亡から3ヵ月で単純承認をしたとみなされる。

債権管理の実務編

〈当事者の変動〉

第14話

債務者の相続と限定承認

このたびは急なことで大変でしたね
どうも…
いま父の財産を確認しているところです
当行からも お父様の赤穂一郎様には事業資金をご融資していますがご存じですか？
その件で弟とも話し合ったのですが…
財産
＜
負債
債務超過になるかもしれないので父の相続については限定承認をしたいと考えています
限定承認ですか？

はい 弁護士さんに相談しているところですので
また後日ご連絡します
TANPOPO
タンポポ銀行
被相続人
限定承認
相続人
――というわけで相続人の赤穂太郎さんは限定承認にしたいようですが回収はどうなりますか？
赤穂一郎さんへの融資については配当によって回収することになるよ
なるほど
限定承認になれば債権届出の催告通知が届くことになるから
確実に届出ができるよう準備しておこう
わかりました
それから限定承認の申述が適法にされているかの確認もしなければいけないよ
はい！

解説

第14話　債務者の相続と限定承認

限定承認は被相続人の財産の範囲内で弁済される

第13話の解説でも述べたとおり、相続人は相続財産や負債について「単純承認」（被相続人の権利義務をすべて承継する）、「相続放棄」（被相続人の権利義務を一切受け継がない）といった選択肢のほかに、「限定承認」という方法を選ぶことができます。

限定承認の場合には、相続人は、被相続人が有していた財産の範囲内で、債権者への弁済を行えば足り、財産に余剰があれば相続人において取得することが可能となります。一方、被相続人の財産が債務の弁済に不足しても、相続人が不足分の責任を負うことはありません。

したがって、相続財産について債務超過が明らかであるものの相続人において清算を行うような場合はもちろん、マンガのように、相続財産より負債が多いかもしれないという懸念がある場合も、念のために限定承認を行っておくケースがあります。

限定承認の具体的な手続きは、以下の経過をたどります。

①相続人において、相続放棄の熟慮期間内（相続が開始したことを知ったときから3ヵ月以内）に、相続人全員で家庭裁判所に限定承認をする旨を申述する

②限定承認の申述が受理された場合には、5日以内（共同相続の場合は10日以内）に、一定の期間内（ただし、2ヵ月を下ることができない）に、債権者は債権届出をするように公告（官報等）し、知っている債権者に対しては届出をするように通知をする

③前記期間の経過後、相続人において債権者に対する配当（弁済）手続きを行い清算する

配当手続きに参加しないと回収が図れなくなることも

この点、債権者としては、③の配当手続きに参加しないと、配当にあずかれず、現実の回収が図れないことがあるため、次の注意が必要です。

・①の段階では、相続人（共同相続の場合は相続財産管理人）に対して連絡を密にとり、申述の状況について確認し、②の段階で、債権届出の催告通知を確実に送付してもらえるようにしておく
・②の段階で、相続人または相続財産管理人から催告通知を受領したら、期間内にすべての債権に関して、漏れなく確実に届出を行う

このほかにも、金融機関が担保や保証人を有している場合には、担保実行や保証人への請求が可能ですので、順次行うこともできます。また、被相続人の預貯金などとの相殺作業も順次進めることになります。

一方で、限定承認の申述が適法に行われているか、「法定単純承認」の事実がないかについても確認すべきです。例えば、申述が熟慮期間を過ぎている場合や、相続財産を処分したり財産隠匿がある場合などは、単純承認とみなされるため（民法921条）、確認が必要となるのです。

ここがポイント！

相続が限定承認なら、配当を受けるため、申述状況を確認し、債権届出の催告通知が確実に届くようにする。申述の適法性も確認。

債権管理の実務編

〈当事者の変動〉

第15話

相続と債務引受

もしもし
私は春田商事の春田花子といいますが…
いつも大変お世話になっております
今日はどうされました?
実は 1ヵ月ほど前に社長である主人の春男が亡くなりまして…
えっ そうなんですか ご愁傷さまです それで事業はどうされるんですか?
長女はすでに嫁いでいますから長男が引き継ぐことになりました
それで タンポポ銀行さんへの借金返済もありますし 今後はどうすればよいかと思って 連絡しました

春田商事
春田商事さんは個人経営の卸問屋さんでしたので債務は皆さんで相続してもらうことになります
私や長女もですか？長男が事業を継いだのですから長男が支払っていけばいいのではないですか？
えーと…
私や長女が借金を相続しないで済む方法はないでしょうか？
それは…
課長
タンポポ銀
――というわけで債務の相続の件で相談がありまして後ほどご連絡したいのですが…
そのケースならまずは相続人の確定作業から始めることになるね
そうですね それで仮に花子さんと長女・長男が相続人だと確定した場合
遺産分割協議だけで長男に債務を集約できるのでしょうか
ふふふ それはね…

解説

第15話　相続と債務引受

●相続人がだれになるのか戸籍謄本等で確認

マンガのケースでは、主たる債務者である個人が死亡したことにより、貸付債権の債務者に相続が発生したことになります。そして、金銭債務といったマイナスの財産も遺産として相続の対象となるため、金融機関としては、まずだれが相続人となるのかを確認する必要があります。

民法では、第1次相続人として配偶者と子が、第2次相続人として配偶者と親などの直系尊属が、第3次相続人として配偶者と兄弟姉妹が定められています。

配偶者は常に相続人になるのですが、その他の相続人については、前記の順序に従って後順位の相続人が決まることになります。

そして、相続人がだれかを戸籍謄本や除籍謄本などにより確認することになりますので、金融機関が相続人の調査をする際には、市町村役場が発行する戸籍謄本や除籍謄本などの提出を受けることが必要になります。

さて、民法によれば相続人は、自分が相続人となったことを知ったときから3ヵ月以内であれば、相続放棄をするなどにより相続人となることを回避できるとされています。相続放棄がされると、その相続人は、はじめから相続人にならなかったことになります。

相続人が相続を放棄しているかどうかは、死亡した個人（これを「被相続人」という）の最後の住所地を管轄する家庭裁判所で確認することができます。

●遺産分割協議だけでは債権者に対抗できない

では、各相続人が相続する持分（法定相続分）はどれくらいになるのでしょうか。

この点、第1次相続人のケースでは、配偶者と子がそれぞれ2分の1、第2次相続人のケースでは配偶者が3分の2、親らが3分の1、第3次相続人のケースでは配偶者が4分の3、兄弟姉妹が4分の1となります。ただし、遺産分割協議を行うことで、相続人間で法定相続分と異なる割合で相続財産（債務も含める）を分けることが可能です。

しかし、金銭債務のように数字で分けることが可能な債務については、法定相続分に従って当然に各相続人に負担が帰属するとされていますので、遺産分割協議によって異なる定めをしても、これをもって債権者に対抗することはできません。

このため、相続人のうちのだれかに債務を集約するためには、別途金融機関と相続人間において、債務の承継に関する覚書を締結する必要があります。

マンガのケースでも、タンポポ銀行の借入債務は、花子さんに2分の1、長男と長女に4分の1ずつ承継されていますので、これらの債務を長男に集約して、花子さんや長女が債務関係から脱退するための新たな合意（免責的債務引受契約）を金融機関と取り交わす必要があります。

ここがポイント！

金融機関と相続人の間で、免責的債務引受契約を締結することにより、相続人の一人に債務を集約することは可能。

債権管理の実務編

〈当事者の変動〉

第16話

免責的債務引受

TAN
タンポポ銀行
加藤さん ヒマワリ内装の 社長さんが いらして いますよ
はい
応接室
こんにちは 今日はどうされ ましたか？
実は 私もそろそろ 引退して 甥《おい》のタカシに 事業を 継がせようと 思って いるんです
いままで大手の リフォームメーカーに 勤めていましたが
独立を考えていた矢先に そういう話になりまして…
あぁ そうなん ですか
それで…

タンポポ銀行さんからの借入れについても 今後はタカシから返済することにしたいのですが…
お話はわかりました
コツ
コツ
――というわけで社長の債務を甥のタカシさんに移したいそうなんです
なるほど この場合には債務引受をすることになるだろうね
債務引受ですか？
そう
社長の債務をなくしてしまう免責的債務引受の場合
タカシさんの信用力を調べなければならないけどなぜだかわかるかい？
え…
いや あの
それに保証人や担保がどうなっているかも
確認が必要だよ
どうしてだろう…

解説

第16話　免責的債務引受

債務引受契約は当事者間の合意で効力を発揮

金融機関においては、融資先の事情によって、「債務引受契約」を交わすことがあります。例えば、債務者である一家の柱が死亡して相続が発生した場合、被相続人の債務は、相続人の法定相続分に応じて当然に分割債務となります。このとき、遺産分割協議などによって自宅財産等を相続した相続人の1人に債務を集約させる方法として、債務引受契約が利用されることが多いといえます（第15話参照）。

この点、債務引受契約については、以前は、民法に規定がありませんでしたが、債権法の改正により規定が整備されましたので、今後も引き続き活用されることが期待されます（第7話参照）。

債務引受では、債務の内容に変更を加えることなく、そのまま新しい債務引受人に債務を承継させることになりますが、この際、「従来の債務者が債務を免れる場合（免責的債務引受）」と、「従来の債務者が債務引受人と並んで債務を負担する場合（併存的債務引受）」という2つの種類があります。このいずれを採用するかについては、諸処の事情を考慮して、当事者間で決定することになります。

ただし、前者の免責的債務引受は、従来の債務者が債権債務関係から離脱してしまうことから、少なくとも債権者の関与が必要とされています。したがって免責的債務引受契約は、債権者と債務引受人との間の合意（ただし、債権者から債務者への通知が必要）のほかにも債務者と債務引受人との間の合意で行い得ますが、この場合は、債権者の承諾が必要となります。

●保証人や担保がある場合は関係者全員から承諾を得る

免責的債務引受では、従来の債務内容に変更はありません。しかし、債務に附従している保証や担保については、債権者においてあらかじめ、または同時に、債務引受人に移転をさせる旨の意思表示を行うことが必要とされ、移転対象となる担保権や保証を債務引受人以外の者が設定している場合には、基本的に、これらの者の承諾が必要となります。

マンガのケースは、タンポポ銀行が債権者であるヒマワリ内装の社長の債務について、事業を引き継ぐ甥のタカシが引き受けたいと申し出ているものです。

債務引受の方法について、ヒマワリ内装は免責的債務引受か併存的債務引受かを明言していませんが、もし、その意向が免責的債務引受であった場合、タンポポ銀行としては、債務引受人であるタカシの信用調査が不可欠となるでしょう。そして、保証人や担保があった場合には、債務者であるヒマワリ内装の社長を含め、関係者全員から、タカシへ債務をすべて承継させることについて承諾を得る必要があります。

融資先が免責的債務引受を希望している場合、金融機関としては、それによるリスクと手続きについて、熟慮する必要があります。

ここがポイント！

免責的債務引受では、従来の債務者が債権債務関係から離脱してしまうため、引受人の信用調査や関係者の承諾が必要。

〈当事者の変動〉

第17話

取引先の企業再編

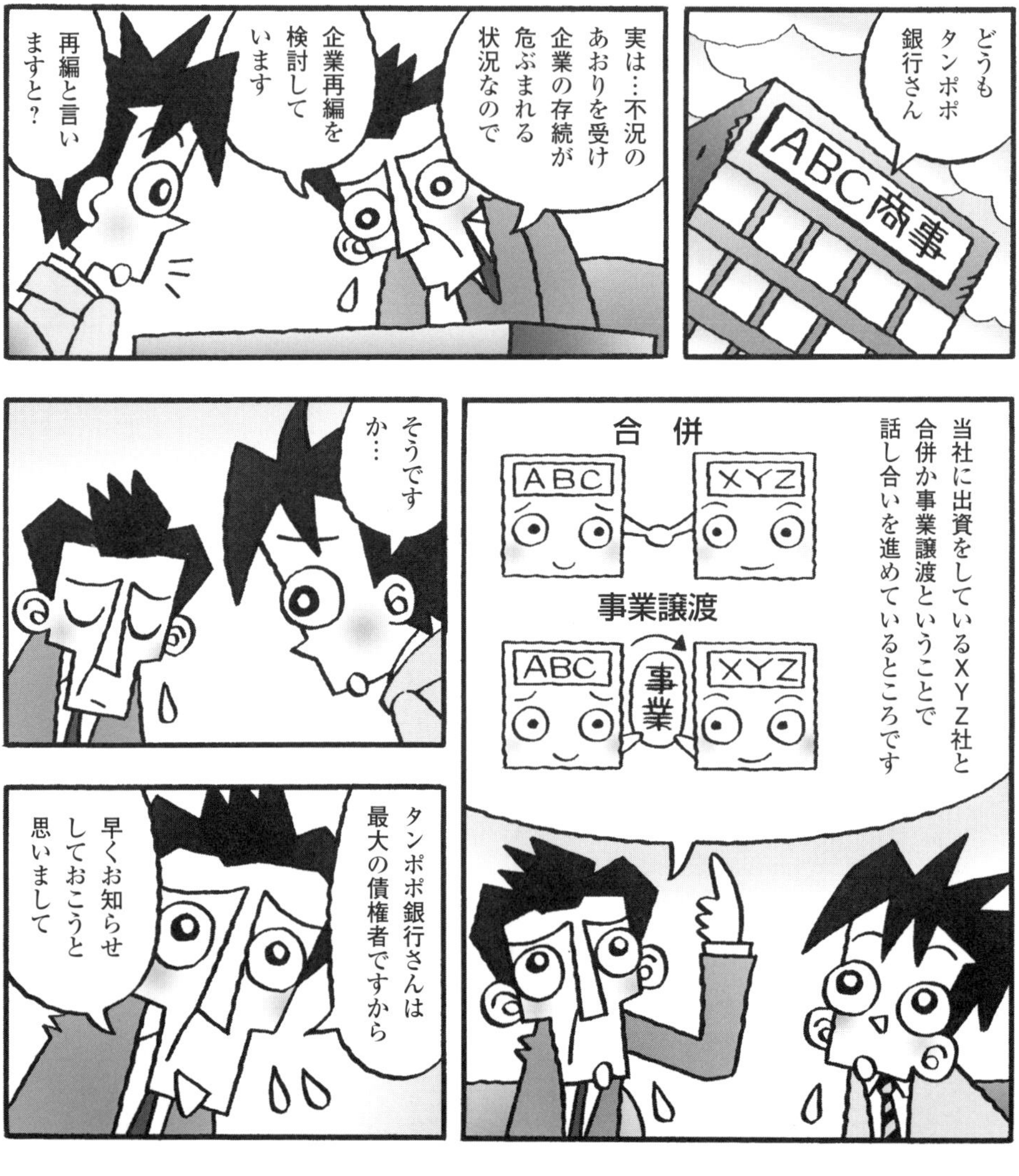
どうもタンポポ銀行さん
ABC商事
実は…不況のあおりを受け企業の存続が危ぶまれる状況なので
企業再編を検討しています
再編と言いますと？
当社に出資をしているXYZ社と合併か事業譲渡ということで話し合いを進めているところです
合併
ABC
XYZ
事業譲渡
ABC
事業
XYZ
そうですか…
タンポポ銀行さんは最大の債権者ですから
早くお知らせしておこうと思いまして

わかりました 当行はＡＢＣ商事さんの 再起を期待していますので
できる限り 協力させて いただきます
ありがとう ございます
TANPOPO
タンポポ銀行
——というわけで ＡＢＣ商事は 再編を検討して いるそうです
なるほど では合併になるのか 事業譲渡になるのかが 確認でき次第 その後の手続きの 準備をしなければ いけないね
準備… ですか？
そうだよ
ＡＢＣ商事への 融資の回収先が どうなるのか
抵当権などの 契約関係がどう なるのかなどを
整理しておく 必要があるだろう
わかりました
でも… 合併の場合と 事業譲渡では
何か違う手続きが 必要なんですか？

解説

第17話　取引先の企業再編

権利義務の承継には包括承継と特定承継がある

取引の相手方が株式会社等の企業の場合、社会経済上の必要性に応じて、相手方が企業再編、企業提携、企業買収などを行うことがあります。そのため金融機関は、「既存の取引をどのように整理、承継等するのか」という場面に遭遇することが少なくありません。

金融取引は細かく分けると、各種個別契約、ひいては個々の権利義務によって構成されています。したがって金融機関としては、これらの権利義務等が、再編等によってどのように変化するのか（またはしないのか）、確認しておく必要があります。

権利義務の承継に関しては、大きく「包括承継（一般継承）」と「特定承継」に分けて考えられています。

包括承継とは、債権債務の一切を区別することなく全体として承継させることです。自然人であれば「相続」、法人であれば「合併（および会社分割）」が包括承継に該当します。

まず合併について見ると、合併によって消滅する会社の権利義務は、法律上、当然に存続する会社（または新設される会社）に包括的に承継されるため、基本的には債権者として特段の手続きは不要となります（金融実務上は、合併の事実確認のため商業登記簿の確認や、念書等による債務および担保・保証の確認が必要）。

他方、会社分割については、合併のように簡単ではなく、分割後の権利義務は、分割計画書の記載によって承継されることになります。したがって債権者としては、包括承継とはいうものの、合併のときにも増して、債権債務の帰属や、担保・保証等の確認が必要となります。

加えて会社分割の場合には、債権債務の帰属が取引先の意向（計画）によって決まってしまうため、事前に分割計画書等を閲覧して、当該分割に異議がある場合には、「債権者保護手続き」を利用して、弁済や担保提供等を受けておくことも大切です。

●再編の形式によって必要な手続きは異なる

これに対して特定承継とは、権利義務の一方や一部だけを承継させることです。権利または義務の移転・承継については、それぞれ合意などの手続きが必要となる形態で、事業譲渡などがこれに該当します。

特定承継となる事業譲渡の場合には、当該事業を構成する固定資産、流動資産その他債権債務関係を、それぞれ個別の移転手続きによって事業譲渡先に承継させる必要があります。したがって、融資債権に関しても、事業譲渡先に対して請求をする場合には、譲渡元との間の債務引受契約の締結が必須となります。

このように、取引先が企業再編等を行う場合、再編の形式によって、権利義務等の承継方法も、必要な手続きも異なりますので注意が必要です。

ここがポイント！

合併であれば特段の手続きは不要だが、事業譲渡の場合は、取引先に事業譲渡先と債務引受契約を結んでもらうことが必要。

債権管理の実務編

〈当事者の変動〉

第18話

行方不明者への対応

――なるほど 紅葉商事には 3000万円の 貸付債権が 残っていて 社長は 連帯保証人に なっているん だったね
そうです 紅葉商事も社長の不在で 混乱しているようで ここ数ヵ月は返済がありません
社長の自宅にも 抵当権を設定して あるのですが
連絡が取れない以上 どうすればよいか わからなくて…
6ヵ月も 行方不明となると
いわゆる「不在者」と なっているかもしれないね
不在者 ですか?
そう 不在者に ついては その財産を 管理するために 家庭裁判所によって 管理人が選任されるんだ
家庭裁判所
選任
管理人
まずは 家庭裁判所に 確認をしてみたら どうかな?
わかり ました
加藤 くん
管理人が選任されて いないようなら 公示による意思表示 という方法を利用する 手もあるから――
その点も 考慮してくれ
はぁ

解説

第18話　行方不明者への対応

●不在者財産管理人がすでに選任されていれば…

マンガのケースで見たように、従来の住所、居所を去り、容易に帰ってくる見込みがない者を「不在者」といいます（民法25条）。

金融業務に携わっていると、債務者や保証人に対して、期限の利益喪失通知や相殺通知を送付したり、時効完成猶予のための催告を行ったりする必要がありますが、その相手方が不在者となった場合、各種の通知等が到達しないことがあります。

このように各種通知等が未到達となった場合でも、取引約定書には「みなし送達」の規定があるため、相手方当事者に対しては送達の有効性を主張できることもあります。ところが、「みなし送達」では第三者には対抗できないとされていますので、この点については、何らかの手当てが必要となります。

まず、不在者が財産を残していった場合にその管理を行うため、利害関係人等の申立てにより家庭裁判所において適切な「不在者財産管理人」を選任する制度があります。

あらかじめ不在者が契約によって財産管理人を置いていた場合には、その管理人が本人に代わって財産管理を行います。このような契約による財産管理人がいない場合には、利害関係人の申立てによって、家庭裁判所が、弁護士等の専門家あるいは近親者を不在者財産管理人として選任することになります。

したがって、財産管理人がいる場合、または選任の申立てを行って不在者財産管理人が家庭裁判所により選任された場合には、この管理人との間で協議を行い、弁済等を受けることが可能となります。

さらに、不在者が生死不明の状況に至った場合には、不在者に対して失踪宣告（民法30

条）を受け（普通失踪では7年間、特別失踪では1年間、生死不明状況が継続する必要がある）、不在者の相続人を相手として、財産および債務が相続されたことを前提に、通常の相続事案と同様の対応を行えばよいことになります。

●必要費用なども考慮して有効な方法を選択する

不在者に対して通知等を発送する場合などには、前述の方法をとることなく、公示による意思表示（民法98条）の制度を利用し、第三者に対抗することも可能となります。この場合、不在者の最後の住所地の簡易裁判所に対し、公示による意思表示の到達を擬制する手続きをとります。なお、訴訟を提起した場合には、公示送達（民事訴訟法１１０条）という方法もあります。

以上から、債務者や保証人が不在者となり、さらに通知等を発送することになった場合には、不在者の関係者との連絡の可否、協力を得る可能性、および必要となる費用などを考慮して、いずれか有効な方法を選択すべきことになります。

ただ、公示による意思表示については、比較的手続きも容易ですので、相殺通知などのケースではこの方法をまず検討すべきと考えます。

ここがポイント！

行方不明者への対応には、不在者財産管理人の選任、不在者に対して失踪宣告を受ける、公示による意思表示などの方法がある。

〈担保・保証〉

第19話

保証契約締結時の注意点

よろしく頼むよ
失礼します
猫山産業
金融機関の融資において保証人の果たす役割って大きいですよね
そうだね保証人がいることで安心して融資ができるといった面はあるからね
ただ一方で保証人については負担が大きくなってしまうということからこれまで様々な対策が講じられてきた
保証については以前も書面で行うべきとの法改正がありました

「経営者保証に関するガイドライン」も出されているしね
ガイドライン
今回の債権法の改正でも保証人への配慮が盛り込まれたようですね
改正債権法
保証人
そうだね 例えば事業に係る貸付の場合には保証人の意思確認のために公正証書を作る必要があるとされた
たしか そのほかにも保証人に対し主債務者から自身の財産状況の情報を開示することになったのですよね
財産状況情報開示
保証人
主債務者
公正証書
金融機関
その情報が虚偽だった場合には保証人から保証「取消」を求められることもあり得るから注意が必要だよ
金融機関としては保証人をお願いする場合より慎重に対応しなければいけませんね
そういうことだね

解説

第19話　保証契約締結時の注意点

公正証書で保証債務の履行意思を表示することが要件に

保証、特に個人保証については、２００４年の法改正でも、またそれ以後も、常に廃止論が論じられるほど、社会的問題として認識されてきました。

保証人は、それが経済的な対価を獲得できる場合は別にして、おもに人的関係から情誼に流され、あるいは苦境に乗じ、時には「真意」に反して保証契約をすることがあります。その反面、保証人が負うことになる負担の大きさ、出したお金の回収の困難さ（以後、主たる債務者からの回収は望めない）から、保証人保護の方策が検討されてきているところです。

今回の債権法改正では、こうした問題への具体策として、「事業に係る債務」に関し、個別保証であっても根保証であっても、保証人が個人の場合には、あらかじめ（保証契約締結の前1か月以内）公正証書によって、保証債務を履行する意思を表示することを要件とし、それを欠くときは保証契約は無効とすることになりました。

なお、保証人が当該経営者およびそれに準ずるものであるときや、主債務者が法人の場合の理事や取締役などであるときは除外となります。

債権者も情報の真偽について「知らなかった」では済まない

また、このような保証人保護の方策の一環として、さらには情報提供の観点から、「事業に係る債務」の個人保証人に対しては、主債務者が自身の①財産・収支の状況、②他の債務負担の有無や額・履行状況、③主債務者の担保があるときはその内容を、情報提供する義務を負うことになりました。保証人が最も関心のある主債務者の資力や返済能力について、契約締結段階で十分に認識させることを主眼とするものです。

ついては、これらの情報が提供されなかったり、虚偽の情報が提供されている場合には、保証人として保証契約締結の是非について正確な判断ができなかったことになりますので、保証人に保証契約に関する取消権を付与しました。

しかし、主債務者が提供義務者となる関係上、保証人への実際の情報提供の有無や、提供情報の真偽について、債権者が関知できない場面も想定されます。このため、改正法においても、取り消しの場面は、「債権者が、情報の不提供や虚偽の情報提供がされたことを知り、または知ることができたとき」に限定されています。

ただ、「知ることができたとき」とありますので、金融機関等の債権者としても、何もせず、「知らなかった」として済ますことはできません。むしろ債権者としては、積極的に主債務者に対し関与をしなければなりませんし、情報提供の内容の真偽についても、債権者が調査・確認をすべきといえます。

具体的には、金融機関等の債権者が、主債務者および保証人の両名から確認書面を徴求することが想定されますが、さらに一歩進んで、保証人の理解度に危惧があるようなケースでは、情報提供の場に立ち会うなどの方策を検討することも必要でしょう。

ここがポイント！

保証契約には公正証書での意思表示が要件に。また、主債務者から保証人への情報提供に、金融機関等の債権者は積極的関与が必要。

〈担保・保証〉

第20話 主債務者の破産と保証債務

平成30年11月
TANPOPO
タンポポ銀行
債権管理って思っていたより大変だな…
特に消滅時効には気をつけなきゃ
加藤くん
先日の支店統廃合で当店が引き継いだ平凡不動産に対する貸付金の件だけど債権管理の状況を報告してくれないか
はい
平凡不動産
あれはたしか破産手続の開始決定を受けていたような…
すぐに調べて報告します

課長―― 平凡不動産は平成17年に破産手続の開始決定を受けています そして平成19年に破産手続きが終結していますね
平成17年 破産宣告
平成19年 破産手続き 終結
連帯保証人などの状況は？
はい―― 代表取締役の甲野太朗さんが連帯保証をしていたため 甲野さんから平成25年12月まで毎月1万円程度でしたが返済を受けていたようです
壱万円
――でも 連帯保証人の返済は主債務者の消滅時効の中断事由にはならないいんでしたよね…
あっ
甲野さんの保証債務だって主債務の消滅時効を援用されたら回収はあきらめるしかないのかも…
――でも 主債務者である平凡不動産が破産して消滅した以上
主債務者の時効を中断する方法なんてあるの？
えっ⁉
た 確かに…

解説

第20話　主債務者の破産と保証債務

●保証人は主債務者の消滅時効を援用できるか？

株式会社等の法人に対して破産手続開始決定がなされ、その後、破産手続きが終了すると、当該会社は消滅します。会社が消滅した以上、債務の消滅時効を猶予する方法はなく、時効期間の完成を防ぐことはできません。

このため、会社等の（連帯）保証人において、主債務の消滅時効を援用できる（主債務が消滅した以上、附従性によって保証債務も消滅する）か否かが問題となります。

この点、主債務者が自然人の場合には若干争いがあったようですが、平成11年11月9日の最高裁判所判決によって次のように明言されました（※部分は旧法の表記）。「免責決定の効力を受ける債権は、債権者において訴えをもって履行を請求しその強制的実現を図ることができなくなり、右債権については、もはや民法166条1項に定める『権利ヲ行使スルコトヲ得ル時（※）』を起算点とする消滅時効の進行を観念することができないというべきであるから、破産者が免責決定を受けた場合には、右免責決定の効力の及ぶ債務の保証人は、その債権についての消滅時効を援用することはできない」

すなわち、主債務者において免責決定を受けた場合には、もはや主債務の消滅時効の完成を意識する必要はなく、（連帯）保証債務についてのみ債権管理を行っていけば足りることとなりました。

●会社については免責の制度はないが…

マンガのケースは、主たる債務者が株式会社（平凡不動産）の場合となりますが、自然人と異なり、会社等の法人については免責の制度がありません。

したがって、主たる債務者の会社に関して破産手続きが終了しても、（連帯）保証債務がある場合には、「当該会社は、その残債務の限度で存続する」という見解が有力に主張されていました。この見解によると、債権者は主債務の時効の完成猶予をするために、商業登記簿上も消滅した法人に対して訴訟提起をするなど、無益な費用を費やさなくてはならないことになります。

この点が争われた平成15年3月14日の最高裁判所判決において、裁判所は「会社が破産宣告を受けた後、破産終結決定がされて会社の法人格が消滅した場合には、これにより会社の負担していた債務も消滅するものと解すべきであり、この場合、もはや存在しない債務について時効による消滅を観念する余地はない。この理は、同債務について、保証人のある場合においても変わらない」と判示して、主債務者である会社の消滅時効を保証人が援用することを否定しました。

ただし、破産手続きの終了により法人格まで消滅した場合には判例の結論でよいのですが、異時廃止などにより財団が未精算の状態で存在するケースでは、当該法人の法人格が消滅していないため、引続き主債務に対する完成猶予手続きが必要となります。

ここがポイント！

主債務者が免責決定を受けた場合も、保証人は債権の消滅時効を援用できず、金融機関は連帯保証人に引続き請求できる。

第21話

免除の効力

タンポポ銀行
課長
すでに弁済期が到来しているミドリ不動産への融資の件なんですが――
何だい？
ご存知のとおりあそこは経営状態が思わしくなく――
ミドリ不動産
いまだに毎月20万円の返済を受けています
たしか残債は1000万円だったよな――ということは完済まであと5年はかかるのか…
業績が良くなればすぐにでも返済したいと言われているのですが…
そうか…
ただ…

そのミドリ不動産の連帯保証人の1人から
相談がありまして…
どんな相談だね？
2人の保証人のうち専務が独立することになったそうです
保証人
社長 緑山一郎
専務 黒川二郎
そこで 専務から200万円の一時金を支払うので残りの連帯保証債務を免除してもらいたいとの申し出がありました
そうすると
ミドリ不動産からの返済は3年程度で完済となる見込みだね
はい
ぜひ承諾したいと思います
ただ債務免除を行うとするとほかの債務者に影響が及ぶ可能性があるよ
影響？
それはどうするつもりだい？
え…
えーと

解説

第21話　免除の効力

●回収の実を上げるために債務免除を選択することも

債務の免除とは、債権を無償で消滅させる債権者の行為です。

金融取引の場面においては、債権額の一部について、履行または弁済がなされることを条件として残債を免除することで、債務者からの回収の実を上げる方法として利用されることが多いと思います。一方、債務者としても、債権額が減額されるのですから、返済の意欲も向上することになるでしょう。

このように、同一の債権について債務者が複数存在するケースにおいては、一部の債務者に対して免除をしても他の債務者が存続しますから、回収の実を上げる方法として債務の一部免除は有効といえます。

この点、改正前の民法では、連帯債務の場合、一人の連帯債務者に対する債務の免除は、当該連帯債務者の負担部分について、他の連帯債務者の債務も免除することになり（免除の絶対効）、債権者は、当初予測していた回収ができなくなるという可能性がありました。このため、連帯債務や連帯保証の場合など、「連帯」債務の場合には、注意が必要といわれてきました。しかし、改正法では、債権者が他の連帯債務者に対しても免除する意思を有しているとは限らないという観点から、連帯債務者に対する債務の免除は、他の連帯債務者に効果が及ばないとされました（相対効）。

●連帯債務者全員から承諾書を取得しておくことが肝要

もっとも、改正前の裁判例では、債権者が不真正連帯債務者（法令によって責任が発生し、債務者間に密接な人間関係がない連帯債務者。基本的に免除の絶対効が制限されている）の一人に対する意思表示によって全員の債務を免除できると判示した裁判例があり、この裁判例の判断は、改正法下においても変更はないという指摘もあります。

現在の金融実務一般では、連帯保証が多用されており、連帯保証債務も連帯債務と同様の性質を有し、同じ問題が発生します。そのため、債権者が連帯債務者に対して免除を行う場合、免除の効力が他の連帯債務者に及んでしまう余地を否定できません。また、連帯債務者の一人に対する免除は、他の連帯債務者との関係で債権者の担保保存義務の問題が生じ得ます。

このため、免除が絡む場合、金融機関としては、連帯債務者全員からの承諾書を取得しておくことが肝要となります。

なお、マンガのケースでは、緑山社長と、黒川専務の間に連帯関係を発生させる特別な合意（保証連帯）はないようですが、黒川専務に対する債務免除が緑山社長への債務免除を含む趣旨かどうかを検討する必要はあります。

基本的には、緑川社長に対する債務免除の効果は生じないと考えられますが、担保保存義務との関係もあることから、黒川専務への債務免除の際には、ミドリ不動産と緑山社長から、同意書と保証内容は変更がない旨の確認書を取り受けるのが無難でしょう。

ここがポイント！

連帯債務者への債務免除の効力が、他の連帯債務者に及ぶ可能性は否定できない。全員から承諾書を取得しておくことが肝要。

〈担保・保証〉

第22話

抵当権消滅請求

TANPOPO
タンポポ銀行
トゥルルルル！
はい
タンポポ銀行の加藤です
実は私
お宅の融資先である新春商事さんから不動産を譲り受けました
ついては抵当権消滅請求をしたいと思いますので通知書を送付します
そ…そうですか
後日
課長
融資先の新春商事のことでご相談したいのですが…
何だい？
ご存知のとおり新春商事の本社ビルに抵当権を設定していましたよね
今日 その第三取得者から抵当権消滅請求の通知書が届きました

その第三取得者は抵当権消滅の代価としていくら出すと言っているの？
1億円です
新春商事の貸付残高は2億円だったね本社ビルの評価はどのくらいなんだい？
新春商事
当行の評価額は1億5000万円です
1億円か…
つまり当行に1億円支払うから抵当権を外せというわけだね
うーん 最低1億5000万円の回収を見込んでいるわけだから
1億円では不十分だな…
新春商事はここ3ヵ月くらい返済が滞っていて
社長とは連絡がとれていません
こういうケースの場合は単純に申し出を拒否することはできず2つの方法から選択するんだが――
わかるかい？
え…
え～と
2つの方法？

解説

第22話　抵当権消滅請求

●抵当権消滅請求を受けたら承諾か競売を選択

マンガのケースでは、担保評価額1億5000万円の不動産に対して抵当権を設定しているタンポポ銀行が、当該不動産の所有権を譲り受けた者（第三取得者）から、1億円の代価で「抵当権消滅請求」を受けています。

抵当権消滅請求とは、平成15年の民法改正で制定された制度で、抵当権が設定されている不動産を取得した第三取得者は、当該不動産を評価した金額を抵当権者（金融機関等）に提示して、その抵当権の抹消を求めることができます。

これに対し、提示を受けた抵当権者は、①第三取得者から提示を受けた金額を承諾し、提供金額を受領する代わりに抵当権を抹消する方法、②第三取得者からの請求を拒否し、自ら担保不動産競売を申し立てる方法——のいずれかを選択することになります（民法379条以下）。

抵当権者が第三取得者からの請求を拒否する場合には、抵当権消滅請求の通知を受けてから2ヵ月以内に競売の申立てをしなければ、第三取得者からの申し出を承諾したものとみなされてしまいます。そのほか、抵当権者が競売申立てを行ったとしても、申立が却下された場合や、取下げをしたときには、一定の場合を除き、第三取得者の申し出を承諾したものとみなされてしまいます（民法384条）。

抵当権者が競売申立てを選択した場合には、前記のとおり2ヵ月以内に、管轄の裁判所に対して、通常の担保不動産競売を申し立てることになります。

なお、この際、債務者に対する貸付債権（被担保債権）の期限の利益が喪失されていなくても、抵当権者からの競売申立ては可能とされています。

対象不動産の譲渡経緯等を債務者にヒアリング

では、実務上は、どう対応すればよいでしょうか。

制度上の選択肢としては、前記①②のうち、どちらかを選択しますが、その前に債務者と連絡を取り、対象不動産の譲渡に至る経緯、経営状況、今後の返済可能性等についてヒアリングする必要があります。

また、対象不動産のほかに、追加担保の設定が可能か否かについて確認しておくべきでしょう。さらに、対象不動産の評価額についても、改めて確認する必要があると思われます。そのうえで、第三取得者からの申し出に応じるか、競売申立てに移行するか判断すべきといえます。

なお、競売申立ての際には、可能であれば、被担保債権の期限の利益を喪失させておくほうがよいといえます。

ちなみに、承諾を選択する場合、対象不動産について、同順位または優先する（前順位の）抵当権者がいるときは、これらすべての抵当権者の承諾が必要となる点に注意が必要です。

ここがポイント！

抵当権消滅請求を受けたら、承諾するか、拒否して自ら担保不動産の競売を申し立てる方法のいずれかを選択する。

〈担保・保証〉

第23話

動産譲渡担保と登記

担保にできるような不動産はないいんだけど…
若葉宝石店
Wakaba
倉庫に保管してある在庫の宝飾品は担保にならないかなぁ？
在庫商品？
動産担保か…
TANPOPO
タンポポ銀行
——というわけで
若葉宝石店の在庫商品を担保として取り受けようかと…
商品ということは譲渡担保を設定するんだね？

動産の譲渡は所有権移転の形をとるので対抗要件が必要だけど
動産譲渡
対抗要件
引渡し？
これはどうするつもりなの？
若葉
商品
TANPoPo
商品だから当行が預かってしまうわけにはいかないよ？
そうですね…
でもたしか動産も登記ができるはずですよね？
登記によって対抗要件は備えられますよ
よく勉強しているじゃないか
早速 準備を進めよう！
は…
はい！

解説

第23話　動産譲渡担保と登記

日々の取引に供する動産は質権の設定には不適

動産を担保にとる場合、「質権を設定する方法」と、「譲渡担保を設定する方法」があります。

前者は、民法に規定された典型的な担保権（民法３４２条以下）ですが、質権設定に際し、対象動産を債権者のもとに引き渡さなければなりません（要物性）。したがって、対象動産を債務者のもとに置き、日々の取引に供する場合は適していないといえます。

そうした場合は、債権を担保する目的で、対象動産の所有権を債権者にいったん譲渡したことにして、債務者が弁済を行った時点で、対象動産の所有権を返還する方式の譲渡担保（民法に規定のない非典型的担保）が適しています。

ただ、譲渡担保は、譲渡という所有権移転の形式をとるため、動産であれば譲渡の対抗要件である「引渡し」が行われなければなりません。（動産の）所有権のような「物権」が移動した場合、当事者以外の第三者に対抗するため、対抗要件を具備しなければならないのです（民法１７８条）。

動産譲渡の対抗要件である「引渡し」には、次の４つがあります。

まず、「現実の引渡し」と「簡易の引渡し」です。前者は、実際に前所有者から現所有者に物が引き渡されることをいいます。後者は、すでに何らかの理由によって現所有者に物が引き渡されている場合に、当事者間で引渡しをしたことにする方法です。

次に、「指図による引渡し」は、第三者のもとに寄託等の理由で占有が移転している場合、物が第三者のもとにある状態で引渡しを行ったことにする方法です。

そして最後に、「占有改定」があります。これは、前所有者が引続き物の占有をしたまま、以後は現所有者の代理人として、物の保管を行う場合の引渡しをいいます。

占有改定は、当事者以外の者から見れば何ら状態に変更がないため、公示方法としては不十分であるとの指摘もありますが、動産譲渡担保の場合には、占有改定や、指図による引渡しのケースが多いといえます。これが質権との違いとなります。

●動産譲渡登記の効力は4つの引渡しと同等

そこで、平成17年から、動産譲渡の対抗要件として登記制度が整備されました。これは、不動産登記と同様に、対象たる動産を特定し、譲渡人から譲受人に対する譲渡の事実（原因や年月日）を記録することにより公示する手段です。動産譲渡登記は、譲渡担保や真正譲渡の場合に利用でき、その効力は、前述した4つの引渡しと異なるところはありません。

したがって、譲渡が複数行われた場合の優劣は、対抗要件（4つの引渡し、登記）の先後により判断されます。

動産の譲渡担保については、対象動産の特定方法など、難しい問題がたくさんありますので、まずは基本的なことから勉強してみてください。

ここがポイント！

動産を譲渡担保にするには対抗要件が必要。対抗要件には、4つの方法がある引渡しと動産譲渡登記があり、その効力は同等。

債権管理の実務編

〈担保・保証〉

第24話

担保権実行の方法

ただいま戻りました〜
TANPOPO
加藤くん――
ちょっといいかな
ハイ何でしょう?
融資先の春日不動産についてなんだが…
春日不動産といえば…
駅近くに保有するテナントビルを建て替えてその資金を融資した先ですね
そうそうテナントの入り具合はどうだい?
人気があるエリアですからなかなか好調のようです
以前入っていた優良テナントも戻っていましたし…
――何か問題でも?

先ほど春日不動産の社長が見えてね資金繰りが厳しそうなんだ返済も滞り気味だし少し注意をしておいてくれ
半年後――
課長――大変です
延滞が続いていた春日不動産ですが会社に行ってみたところ従業員が1人いただけで社長の行方がわかりません
何だって？
テナントも困っているようで中には「出ていく」と息まいているところもあるようです
ウーン…期限の利益は喪失しているところだし担保物件からの回収を行うしかないか
担保不動産競売申立ての方向で進めますか？
いや その前に賃料からの回収を検討してほしい
わかりました
早速 賃料債権への物上代位手続きをとります
その方法しかないのかな？
エッ!?

解説

第24話　担保権実行の方法

●担保不動産収益執行なら抵当権者による強制管理も可能

抵当権の実行によって被担保債権の回収を図る方法として、まずは担保不動産の競売申立てが考えられます。ただ、競売には時間もかかりますし、売却の見通しが不明なケースもありますので、対象物件から生じる収益に対して優先弁済権を行使することができれば有益です。

そこで従来は、抵当権の物上代位として、物件の所有者が賃借人（テナント）に対して有している賃料債権を差し押さえる方法がよく使われていました。

これに対し、一般債権者が申し立てる不動産執行の方法としては、物件の管理をして、その収益から回収を図る「強制管理」という方法がありました。この点については、平成15年の法律改正によって、抵当権者が「強制管理」類似の方法をとることを可能にするために、「担保不動産収益執行」という手法が追加されました。

この担保不動産収益執行は、担保権の実行として、裁判所が選任する「管理人」が、対象物件の収益（賃料）を収受し、これと合わせて、対象物件の設備管理などの維持管理行為を行う手法をいいます。この手法であれば、管理人が収受した収益の中から、担保権者に対して配当を行うことになりますし、対象物件の荒廃を防ぐこともできるという点で、優れた制度といえます。

●テナントの状況等を確認してより適切な方法を選択

それでは、実際に対象物件の収益から被担保債権の回収を図る場合、その手段として、物上代位の方法か担保不動産収益執行か、いずれの方法を選択すべきでしょうか。

この選択については、次の点などを総合的に検討することになります。

①申立費用の多寡（コストに見合った回収が期待できるか否か）
②賃借人（テナント）の出入りの激しさ
③賃借人（氏名、名称、契約の有無など）の把握の可否
④不法占拠者の有無
⑤物件管理の必要性

一般的には、比較的小規模な物件で賃借人の素性も把握しやすい物件には物上代位の方法を選択し、比較的大規模な物件で賃借人の把握が困難であったり、物件の管理が必要だったり、コストをかけてもそれに見合うだけの回収が期待できる物件には担保不動産収益執行の方法を選択するのが適しているといえます。

マンガのケースでは、これらの点が不明ではありますが、優良賃借人が入居していることからすれば、賃借人の把握が容易なため、物上代位の方法でもよいと考えられます。ただ、設備や物件の維持管理に問題があれば、管理人を選任して物件の劣化を防ぐことで、ひいては物件売却（競売）のときの好評価にも資することになります。ですから、費用の点を考慮したうえで、担保不動産収益執行の方法を選択してもよいでしょう。

ここがポイント！

対象物件の収益から債権回収を図るには、物上代位として賃料債権を差し押さえる以外に、担保不動産収益執行がある。

〈弁済・相殺〉

第25話 第三者による弁済

兄である一郎の父親には生前大変世話になったものだから
私が一郎のローンを肩代わりさせてもらおうと思っているんです
なるほど
一郎さんは期限の利益を喪失していますので当行としてはありがたいです
今日は残債の100万円を持参したのですがどうすればいいでしょうか？
しょ…
少々お待ちください
TANPOPO
タンポポ銀行
——というわけで叔父の初春大助さんからの返済ということで受領したいと思います
つまり…債務者本人でも保証人でもない第三者からの返済になるわけだね
はい
それで債務者の一郎さんから承諾書はもらったの？
え…
親族の場合でも必要なんですか？

解説

第25話　第三者による弁済

第三者弁済ができない3つの例外

貸金などの金銭債権は、弁済によって消滅することになります。ここで、「弁済ができる適格者はだれか」を改めて考えてみると、まずは債務を負っている債務者本人ということになります。また、保証人や債務引受人なども、自ら保証債務や履行債務を負っているため、弁済をできることは当然といってよいでしょう。

それでは、まったくの第三者が他人の債務を弁済できるのでしょうか。民法では、これを肯定しています。ただし、改正法の下では、次に挙げる3つの例外に該当する場合は、第三者弁済はできません。

①第三者弁済が、債務の性質上許されないとき（役者への演劇などへの出演債務や、著名人への講演債務など「行為債務」と呼ばれる債務に多くある）

②当事者が第三者の弁済を禁止し、制限した場合

③弁済をするについて正当な利益を有する者ではない第三者が、ⓐ債務者の意思に反して弁済を行う場合（債権者が債務者の意思に反することを知らなかったときを除く）、ⓑ債権者の意思に反して弁済を行う場合（例外あり）

このうち③の「弁済をするについて正当な利益」とは、「法律上の利益」を言っているとされています。物上保証人や抵当物件の第三取得者などは、弁済により債務が消滅することで、物的負担が除去される関係にあるため、法律上の利益を有すると解されています。

これに対して、両親や親族、友人・知人についてては、「事実上の利害関係」に過ぎないため、「弁済をするについての正当な利益を有しない者」に該当します。

必ずしも債務者の承諾が必要なわけではないが…

このような第三者の弁済が有効とされた場合には、それまで債権者が有していた債務者に対する権利が、当該第三者に移転し（これを「任意代位」という）、当該第三者において、債務者に求償することが可能となります。なお、改正法下では、この求償権を行使するに際し、債権者の承諾は不要となりますが、引き続き、債権者から債務者に対する通知または債務者の承諾は必要とされています。

以上のように、第三者弁済において、必ずしも債務者の承諾が必要となるわけではありません。弁済をするについて正当な利益を有する者による弁済は有効ですし、そのような利益を有しない者の弁済でも、債務者の意思に反することを債権者が知らなかった等の場合は有効です。

もっとも、金融機関としては、以後の紛争やトラブルを回避するために、債務者から承諾書等を取り受け、債務者の意思に反しないことを確認すべきです。

ここがポイント！

親族は「弁済をするのに正当な利益を有しない者」に該当するため、弁済を受けるには注意が必要。

第26話 債権者代位権の行使

請求債権目録

金１００万円

　ただし、申立外海山商事に対し、平成２８年１月１日、返済日を平成２８年５月３１日として貸し付けた１００万円の貸金返還請求権を有する債権者が、申立外海山商事に代位して行使する下記債権

記

　申立外海山商事が、債務者に対し、平成２８年２月１日、返済日を平成２８年６月３０日として貸し付けた２００万円の貸金返還債権の内金

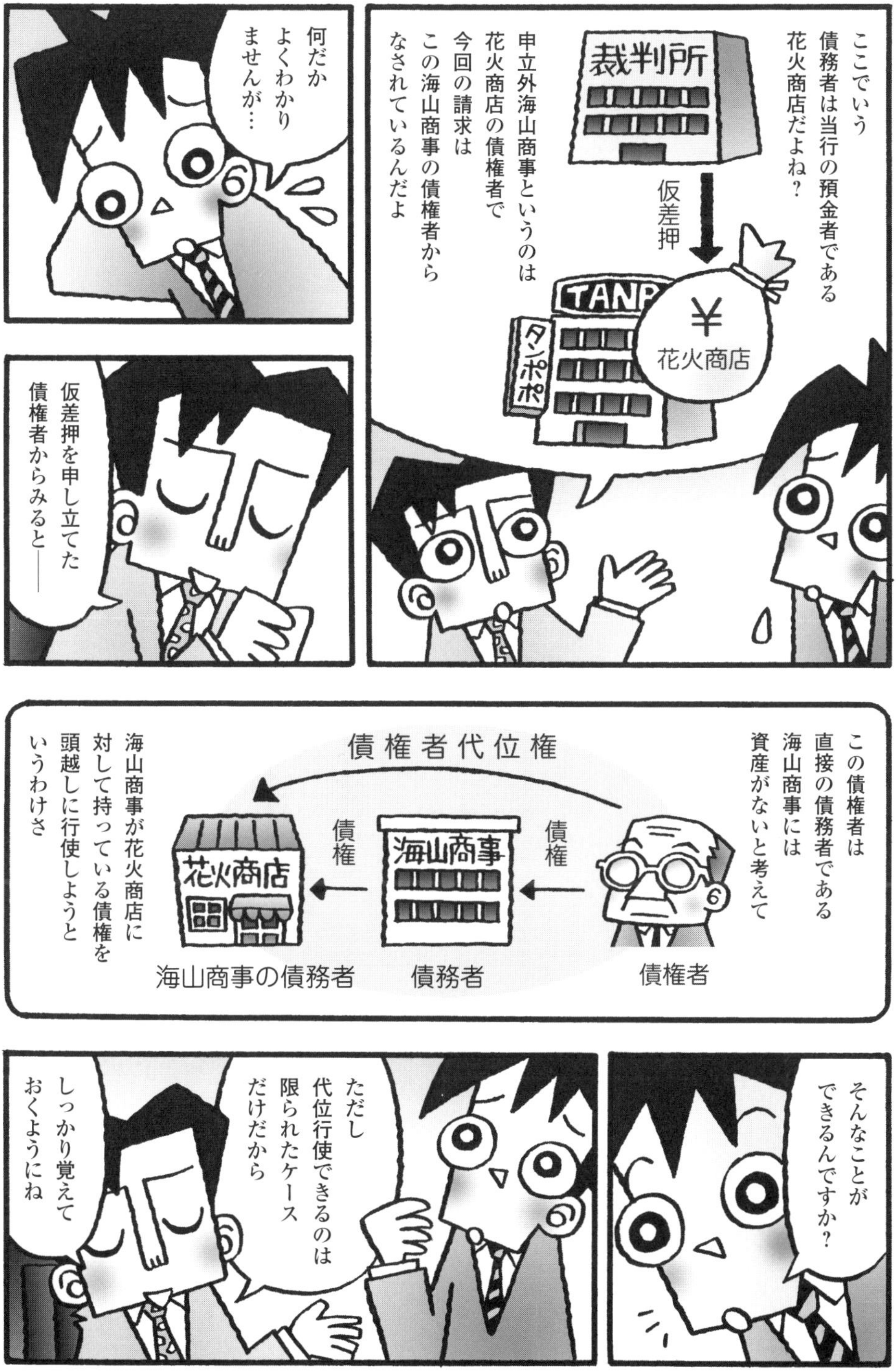
ここでいう
債務者は当行の預金者である
花火商店だよね？
裁判所
仮差押
TANP
タンポポ
¥
花火商店
申立外海山商事というのは
花火商店の債権者で
今回の請求は
この海山商事の債権者から
なされているんだよ
何だか
よくわかり
ませんが…
仮差押を申し立てた
債権者からみると——
この債権者は
直接の債務者である
海山商事には
資産がないと考えて
債権者代位権
債権
債権
海山商事
花火商店
債権者
債務者
海山商事の債務者
海山商事が花火商店に
対して持っている債権を
頭越しに行使しようと
いうわけさ
そんなことが
できるんですか？
ただし
代位行使できるのは
限られたケース
だけだから
しっかり覚えて
おくようにね

解説

第26話　債権者代位権の行使

●債務者が第三者に有する債権を直接行使できる

債権者が、ある金銭債権を回収するにあたり、直接の債務者にはめぼしい資力がなく、他の第三者に対する金銭債権しかないことがあります。この場合、債権者としては、その回収を債務者に委ねるよりは、自らが第三者と交渉をして直接支払ってもらえるほうが都合がいいといえます。

しかしながら、債務者も自らが営業活動をしている以上、債権者といえども、いきなり債務者の頭越しに第三者と接触することは、債務者の経済活動に対する過度な介入となります。そこで、民法はこのような便宜と弊害のバランスをとる方法として、「債権者代位」という制度を準備しました。

債権者代位制度については、第10話においても、改正のポイントを解説していますが、ここでは、その要件について、説明したいと思います。

債権者代位の特徴としては、債務者の承諾が不要であることや、裁判によらず裁判外でも行使が可能であることが挙げられます（むろん裁判で行使することもできますが、裁判で行使する場合は、債務者に対して、訴訟が提起されたことを告知しなければなりません）。

債権者代位権を行使することができる一般的な要件は、次のとおりです。

①被保全権利が金銭債権であり、履行期が到来していること
②債務者が無資力であり、自らが権利を行使していないこと
③行使される権利が、債務者の一身専属および差押えを禁じられた債権でないこと

●債務者に財産管理を委ねるのが不相当な場面に限定

債権者代位権は、先述のとおり、債務者の財産管理権への重大な制約となり得ます。そこで、そのような制約の場面は、債務者の経済状況が債務超過に至るなどし、自由な管理処分を委ねるのが不相当と考えられる場面に限定されているのです。

また、本来、本人にのみ行使が許される権利（これを一身専属権という）については、代位の性質になじまないため、代位行使ができないとされています（一身専属権の例としては、親族間の扶養請求権などがあります）。

加えて、債権者代位権の行使については、典型的な事例以外にも、前記①②の要件が緩和された転用事例もあります。例えば、不動産の転売の場合（A→B→C）に、買主Cが、直接の売主Bに対する所有権移転登記請求権に基づき、Bに代位してBの売主Aに対する登記請求権を行使することなどです。

なお、マンガは典型的な債権者代位による請求のケースですが、金融機関の処理としては、特に、通常の（仮）差押等と異なる点はありません。

ここがポイント！

債務者が債務超過の場合などに限られるが、「債権者代位」により、第三者に有する債務者の債権から回収を図ることも可能。

〈弁済・相殺〉

第27話

相殺通知の相手方

加藤くん
返済が滞っている谷川運送の件はどうなっているの？
谷川運送
融資
相殺
預金
期限の利益喪失通知を出したので預金との相殺で回収しようと思います
では相殺通知を出しておいてね
わかりました！
ゴーッ
TANPOPO
課長！谷川運送への相殺通知が
受領拒絶で戻ってきました！
相殺通知
受領拒絶？

はい
社長の長男である専務に
電話で確認したところ
社長の行方がわからないので
通知書の受領を控えている
とのことでした…
行方不明か…
でも谷川運送は現在も
営業をしているんだよね？
そうなんです
通知の内容についても
専務はわかっている
ようでしたが…
なるほど
——では加藤くん
この場合
相殺通知の効力は
どうなると思う？
通知書が
受領されなければ
相殺の意思も
到達していないことに
なるのかなぁ…
効力は発生
しないと
思います
う〜ん
それは
どうかな…
え…
違うんですか？

解説

第27話　相殺通知の相手方

●「みなし送達」は第三者には対抗できないことに注意

金融機関が取引先に対し融資を実行する場合、当該取引先からの預金（普通、当座、定期など）を受けているのが一般的です。この点、民法のうち、「相殺」（５０５条以下）に関しても改正が行われたところですが、金融機関から取引先に対して相殺が認められていることに変更はありませんので、金融機関としては、相殺権を行使して機動的に預金等から融資金の回収が行えることになります。

相殺を行う場合には、相殺の相手方に対して意思表示（これを「相殺通知」という）を行う必要がありますが、その様式については特段定められていないため、口頭による通知でも相殺を行うことは可能といえます。

しかし、実務上は後日の紛争を防止する観点から、内容証明郵便によって相殺通知を行うことが通常であり、配達証明付きで、債務者に対して発送することになります。この場合、株式会社等の法人に宛てて通知書を発送するケースでは、「代表取締役○○殿」として商号等に併記して代表者の表記を行うのが一般的です。

この点、仮に通知書の出状時に代表者が行方不明の場合であっても、法人の活動が行われている場合は、従業員等が受領することにより、機関の代表である代表者が相殺の意思表示を確認することが可能な状態になったといえますので、法人の所在地に対して発送すれば足り、通知書は有効に到達したことになります。

ちなみに、マンガのケースとは異なりますが、取引約定書上の「みなし送達」は、債務者との関係では有効とみなされますが、第三者には対抗できないとされていることについて、注意しておく必要があります。

了知できる状態であれば到達したと解されるが…

次いで、通知書が「受領拒絶」によって到達していない場合については、「意思表示の到達とは、相手方の勢力圏内に入ること、すなわち、社会通念上一般的に了知し得べき客観的状態を生じたと認められることである」と解されていることが参考になります。

マンガのケースでも、谷川運送は、ある程度、タンポポ銀行からの通知の内容を把握していたにもかかわらず、自らの意思でこれを了知することを回避したと解されるため、前記の客観的状態を満たしていると考えてよいと思われます。

とはいえ、金融機関の対応としては、今後、谷川運送の債権者等から預金の差押等をされる可能性もありますので、債務者以外の第三者に対してもその有効性を主張しなければならないことを念頭に行動する必要があります。

そこでタンポポ銀行としては、谷川運送への説明を十分に行い、再度、通知書を発送しておくほうが、より確実な対応といえるでしょう。

ここがポイント！

相殺通知が受領拒絶されても、相殺の意思は到達したとみなされる。ただし、実務上は再送するほうが確実。

〈リスク管理〉

第28話

遺産分割協議と詐害行為

TANPOPO
タンポポ銀行
洋品店
この洋品店販売の渡辺さん——
無担保ローンの返済が2ヵ月も滞っているな連絡しなきゃ
実はお店の経営が行き詰まっていましてもうたたむことになりそうです
ただ返済については先日亡くなった父の遺産が入るかもしれないので——
セール
あと半月ほど待っていただければ…
半月後
——それで
相続の件はどうなりました?

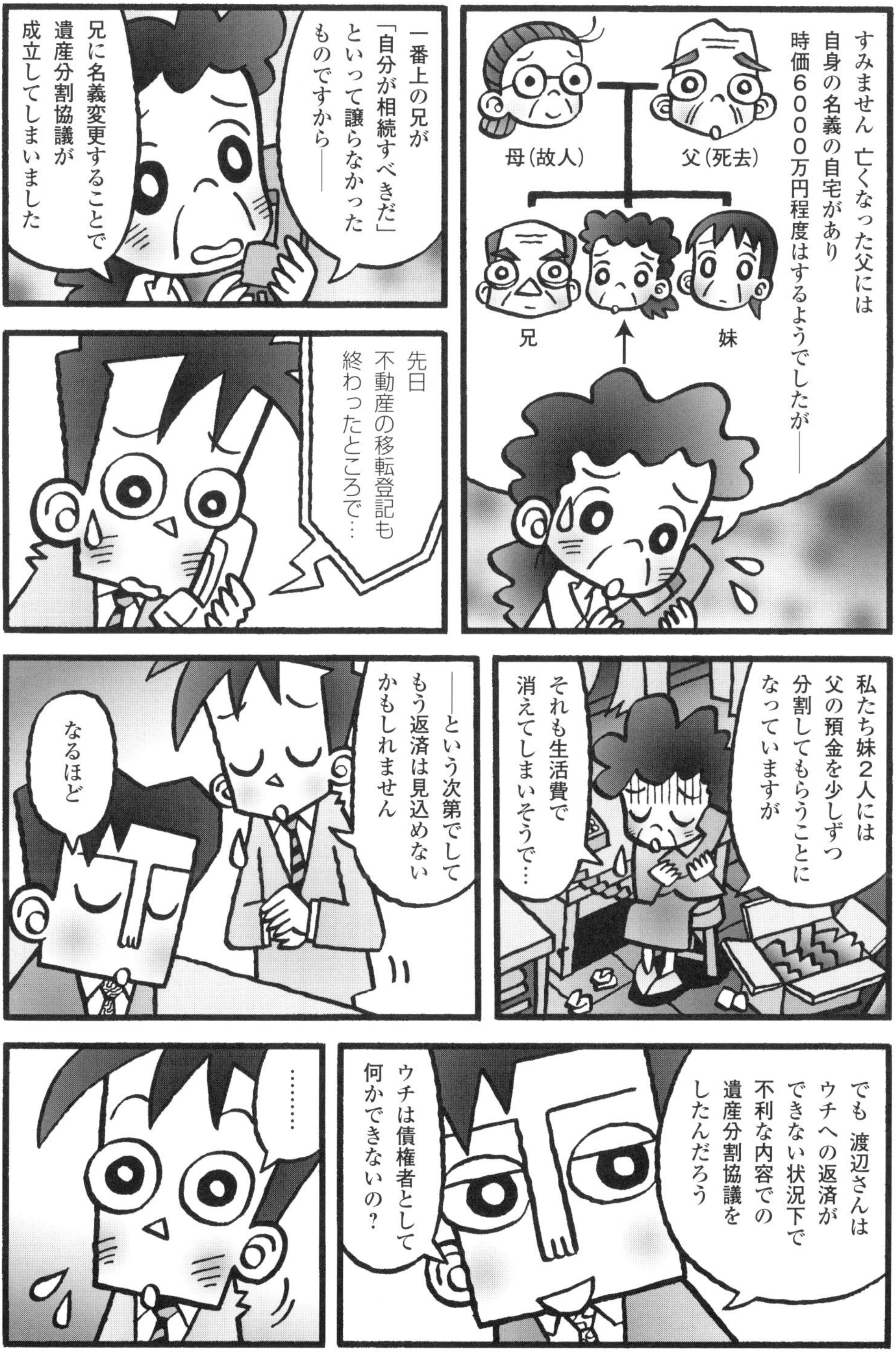
すみません 亡くなった父には自身の名義の自宅があり時価6000万円程度はするようでしたが――
父(死去)
母(故人)
妹
兄
一番上の兄が「自分が相続すべきだ」といって譲らなかったものですから――
兄に名義変更することで遺産分割協議が成立してしまいました
先日 不動産の移転登記も終わったところで…
私たち妹2人には父の預金を少しずつ分割してもらうことになっていますが
それも生活費で消えてしまいそうで…
――という次第でしてもう返済は見込めないかもしれません
なるほど
でも 渡辺さんはウチへの返済ができない状況下で不利な内容での遺産分割協議をしたんだろう
ウチは債権者として何かできないの?
………

解説

第28話　遺産分割協議と詐害行為

●債務者の行為に債権者として介入できる!?

債権者からみた場合、債務者の財産は、最終的に債権者の有する債権の引当てとなるべき性質を有しています。そのため、債務者が負担する債務に比して、共同担保（責任財産）となるべき財産が不足することがわかりながらも、財産を減少させる行為をした場合、債権者としては、債務者の行為に介入をして財産の散逸を防ぐ必要があります。

この場合に、債務者の財産減少行為の効果を否定して、債務者から逸出した財産を取り戻し、債務者の責任財産を維持する制度として、「詐害行為取消（権）」があります。

詐害行為取消権の行使は訴訟によらなければなりません。基本的な要件は次のとおりです（なお、相当対価による処分行為、偏波行為〈特定の債権者を利する行為〉、過大な弁済行為については具体的な要件が定められています）。

①詐害行為の存在
②債務者の詐害の意思
③被保全債権が詐害行為「前」の原因に基づいて生じたものであること
④受益者（財産の譲受人など）や転得者の悪意

①の要件を補足すると、詐害行為取消権の行使は、債権者というだけで他人の法律行為に介入をするわけですから、「無資力」状況に限るべきですし、結婚や離婚といった身分上の行為に第三者が介入することは不適切ですので、「財産権を目的とする法律行為」に限定されます。

●遺産分割協議は取消権行使の対象になるか

さて、マンガのケースでは、前述した「財産権を目的とする法律行為」として、「遺産分割協議」が詐害行為取消権の対象となるかどうかが問題となります。

そもそも、遺産分割の実質は、被相続人の死亡により、各相続人間に法定相続分に従って共有状態が発生し、その後、相続を受ける資格を有する者の間において持ち分の具体的な譲渡が行われ、最終的な帰属が確定するというものです。こうした遺産分割の実質からすれば、遺産分割協議によって不利な条件を承諾した相続人の行為は、「財産権を目的とする法律行為」ということができます。

今回の改正前の判例も、「共同相続人間で成立した遺産分割協議は、詐害行為取消権行使の対象となり得る」と判示（平11・6・11）しています。

したがって、タンポポ銀行は、渡辺さんの行った遺産分割協議の取消しを求めることが可能となります。この場合、詐害行為取消訴訟の被告は、渡辺さんの兄ということになり、渡辺さんの持ち分の移転登記を求めることになります。また、訴訟提起の際には、遅滞なく、渡辺さんに訴訟告知をしなければなりません（第10話参照）。

ちなみに判例では、「相続の放棄」は、詐害行為取消権の対象にはならないとされていますので、本ケースとの違いに注意が必要です。

ここがポイント！

共同担保となるべき財産が不足するとわかりながら行われた遺産分割協議は、詐害行為取消権として取消を求めることができる。

第29話

消滅時効の完成猶予と更新

加藤くん 担当している 回収案件を 一度すべて 精査して
問題がある 債権があったら 報告してくれ
TANPO
タンポポ銀行
はい
これは 大丈夫だな
…これも 最近まで 一部返済が あるから ヨシとしよう
アッ
この債権は そろそろ消滅時効 にかかりそうだ
報告だ
課長―― 融資先の冬田建設に対する 貸金の回収ですが…
5年前に 担保不動産の 競売手続きに よって配当を 受けてから 返済が ありません
何だっ て？

当行の貸付債権は
5年の消滅時効の
対象ですよね
このままでは消滅時効が
完成してしまうかと…
いや すでに消滅時効が
完成している可能性もあるね
配当の受領が時効の中断事由に
該当してなかったとすれば
どうなる?
でも…競売の配当は
差押手続きの
一環ですから——
時効の中断事由に
なると思うんですが…
そもそも
前回の競売は
だれが
申し立てた
のかな?
えーっと
それはウチではなく
同じく賃金債権を
有していた
N銀行です
ウチが
第2順位の抵当権で
N銀行は第1順位でした
1
N銀行
2
TANPOPO
タンポポ
つまり
先順位抵当権者による
担保実行という
不動産競売事件だね
はい…それでウチは
裁判所からの催告に従って
債権の届出を
行なっています——
ウチが債権者として
競売を申し立てた
わけではないですね
それなら
やっぱり消滅時効が
成立している
可能性が高いね
なぜだか
わかるかい?
ウーン…

解説

第29話　消滅時効の完成猶予と更新

●裁判上の請求などが代表的な中断事由だが…

民法147条以下には、債権の消滅時効に対する「時効の完成猶予及び更新」事由が定められています。まず典型的なものとして、貸金返還訴訟を裁判所に提訴するなどの「裁判上の請求」、不動産競売の申立てや動産執行の申立てなどの「強制執行」等、破産手続き中の債権届出といった「破産手続参加」等があり、基本的には、これらの手続などが終了するまでの間、消滅時効は完成しないことになります（消滅時効の完成猶予）。そして、これらの事由と、「債務承認」の場合には、改めて、消滅時効の期間が進行することになります（消滅時効の更新）。

マンガは、冬田建設の所有不動産に対するN銀行による不動産競売に関するケースであり、タンポポ銀行は、後順位の抵当権者だったため、自ら競売申立てをしておらず、担保権者として債権届出を行い、配当金を受領したようです。タンポポ銀行の抵当権は、N銀行の申し立てた競売の開始決定にかかる差押登記の前に登記されていますから、競売手続き上は「差押前の担保権者」（民事執行法87条1－4）として、自らが競売申立てまたは配当要求をすることなく、配当を受ける資格を取得することになります。

●配当は「承認」にも当たらないと解される

さて、このように債権届出のみを行い、裁判所からの配当金を受領した場合、消滅時効の完成猶予事由に該当するのでしょうか。

類似のケースにおいて、民法改正前の裁判例ですが、第三者の申立てに係る不動産競売手続きにおいて、抵当権者が「債権の届出をし、その一部に対する配当を受けたとしても、差押その他の消滅時効の中断事由に該当せず、またこれに準ずる消滅時効中断の効力も有しない」と判断しました（最判・平8・3・28）。これは、

①債権届出は、届出にかかる債権の確定を求めるものではないうえに、債権届出を提出しなくても配当を受領する資格が与えられており、また債権の届出については、債務者に対してその旨を通知することも予定されていないこと

②配当表の作成および配当手続きにおいても、債権の全部の存在が確定するものではなく、公に認められるものでもないこと

③配当期日において債務者も呼び出しを受けるが、これをもって抵当権者が債権者に向けて権利を主張したということはできないこと

――を理由としています。

なお、配当については、裁判所が強制的に行うものであり、債務者の任意による弁済とは異なるため、「承認」にもあたらないと解されています。

しかし、今回の改正で、この結論が変わる可能性が指摘されています。とはいえ、債権者としては念のため、自らが競売申立てを行うか、訴訟を提起するか、または債務者から債務確認書などを取り受けるか――を検討すべきです。

ここがポイント！

第三者が申し立てた競売手続きで配当金を受領した場合の消滅時効には注意が必要。申立ては自ら行うか訴訟等を検討すべき。

債権管理の実務編

〈リスク管理〉

第30話

「催告」による時効の完成猶予

TANPOPO
タンポポ銀行
課長
赤黒商事の貸付債権の件なんですが…
赤黒商事？
―たしか 弁済期が経過して その後 連帯保証人の 赤黒太郎さんから 返済を受けて いたんだよね
赤黒商事
壱万円
はい 毎月1万円ずつ 返済してもらっているのですが…
このままでは 完済までに 相当かかります
大丈夫でしょうか？
赤黒商事は 現在 営業しているのかね？

…いえ
5年前に
事実上の営業は
停止しています
そのときに
社長は
赤黒太郎
さんから
奥さんの
花子さんに
代わっています
それで
赤黒商事からは
入金はあるのかい？
ここ5年間
ありません
それは
困ったな…
連帯保証人
からの返済は
主たる債務の
時効完成猶予事由
にはあたらない
えっ！
そうなん
ですか？
いまが
平成30年3月15日で
赤黒商事の最後の入金日は
平成25年4月1日——
もうすぐ
5年か…
加藤君
何とかしないと
時効で
赤黒商事への債権は
消えてしまうぞ
えっ
「何とか」って
いわれても
時効までもう
時間もないですし
どうすれば…⁉

解説

第30話　「催告」による時効の完成猶予

訴訟や調停、仮差押などでは時効に間に合わないときは…

前話のとおり、民法では、時効の完成猶予として、裁判上の請求、強制執行、仮差押、催告、承認などを挙げています（民法１４７条以下）。このうち、仮差押等については、手続が終了後には時効の更新が適用されませんので、他の時効完成猶予事由との区別をしておく必要があります。

しかし、時効の完成猶予の手段と言っても、裁判上の請求として訴訟を提起したり、調停を申し立てたり、または、仮差押などの法的な手続きをとるとしても、資料の準備や弁護士等との打ち合わせに時間がかかり、加えて、費用も要することなどから、間近に迫った時効期限の到来に間に合わないことが想定されます。また、「債務承認」の手段をつかうとしても、そもそも、債務者が債務を承認してくれないこともあり得ます。

そこで、より簡便な時効の完成を阻止する方法として「催告」が挙げられます。

「催告」には暫定的な時効の完成猶予の効果がある

「催告」は、債務者に対して、裁判外において、債務の履行を求める意思表示を行うことで、一般的には、金銭の請求をする内容を「内容証明郵便」で発送し、さらに、相手方に郵便が到達したことを明らかにするため「郵便物配達証明書」を付けることになります。この催告には、６ヵ月以内に、より強力な他の時効完成猶予事由を生じさせることを前提に、暫定的な完成猶予の効果が与えられています（同法１５０条）。

したがって、催告が債務者に届いてから6ヵ月以内に、訴訟や調停の申立てなどの法的手段をとらなければ、時効完成猶予の効果はなくなってしまうのですが、法的手段をとるためには時間が足りない場合など、緊急的なケースにおいては、とりあえず時効の完成を猶予するための有効な手段として活用することができます。

なお、催告にあたり注意を要する点としては、①6ヵ月の起算点は催告が債務者に届いた時から換算するのであって、本来の時効期限の到来時点ではないこと、②債務者に届かなくてはならないので、債務者が所在不明である場合などには利用できないこと、③証拠として残しておくために内容証明郵便等で行うべきこと、④催告は一度しか使えないこと――が挙げられます。

なお、催告が債務者に届かなければ意味がありません。このため、催告を行う場合には、債務者の住所をしっかりと把握しておくこと、不在により催告書が債権者に返送された場合には、直ちに、普通郵便でもいいので再送するなどの対応が不可欠となります。万一にも、催告が債務者に届かないおそれがあるのであれば、別の方法を選択しなければなりません。

以上の点に十分注意して、マンガのようなケースの場合には、催告を行うべきか、より強力な手段を利用すべきか、検討をすることになります。

ここがポイント！

催告は、時効期限までに時間がない場合など、緊急的なケースでとりあえず時効の完成を猶予するには有効な手段となる。

〈リスク管理〉

第31話

保証債務と消滅時効

課長
ご相談があるのですが…
TANPO
タンポポ銀行
何だい？
実は
ビジネス商事の件なんです…
ビジネス商事
確か以前 返済が滞りがちで 一度 期限の利益喪失通知を出したところだね
ええ
それから社長が体を悪くされて以後 連帯保証人の息子さんから毎月5万円の返済を受けているという状態がもう4年ほど続いています
息子
返済
父
連帯保証人
なるほど
主債務者であるビジネス商事からの返済ではなく連帯保証人からの返済が続いていたんだ
はい

——となると
主債務の
消滅時効は進行して
いることになり
5年経てば
連帯保証人も
消滅時効の
援用が可能…
つまり
返済をしなくても
よくなるわけだ
5年で消滅時効
そのとおりです
そこで主債務の
時効の完成を阻止
しなければと思い
ビジネス商事に
債務承認書を
作成して
もらおうとしたら
会社は実際上
休眠状態で
社長の行方も
わからないのです
ビジネス商事
ZZZZ…
つまり
主債務者に対する
時効の完成猶予は
難しいというわけか
はい
…連帯保証人の
息子さんは何て
言っているの？
返済を
続けてもいいと
言ってくれては
いるのですが…
——課長
どうすれば
よいでしょうか？
フフフ
その場合
にはね——

解説

第31話　保証債務と消滅時効

●期限の利益喪失時から消滅時効の期間がスタート

銀行などの貸付債権は、民法の規定により5年の消滅時効にかかります。この消滅時効の起算点は、債権者が「権利を行使することができることを知ったとき」（民法166条1項1号）となっているので、本件の貸付債権全額については、期限の利益喪失時（金融取引の場合、金融機関からの「失期通知」の時となることが多いといえる）から、5年という消滅時効の期間がカウントされることになります。

他方、消滅時効の完成猶予事由としては、「裁判上の請求」などがありますが、主債務者と連帯保証人といった複数当事者が関係する場合には、時効完成猶予の効力がどの範囲で、あるいはどの債務者に対して生ずるのか、確認が必要になります。

この点、基本的には主債務者にのみ生じた事由は連帯保証人にも及ぶため（同法457条）問題は少ないのですが、連帯保証人にのみ生じた事由については主債務者に効力が及ぶ場面が限定されています（同法458条）ので問題です。

例えば、債務の「承認」については時効の更新事由ですが、連帯保証人に生じた効力が主債務者には及ばないことになります（同法441条）。ですから、連帯保証人が弁済をしたり、債務承認書を作成しても、主債務の消滅時効の進行を食い止めることはできません。

仮に連帯保証人の保証履行債務について消滅時効の完成猶予となっても、主債務の消滅時効が完成してしまえば、連帯保証人は消滅時効の援用（主張）をすることが可能です。

●訴訟提起などの方法で時効の完成を阻止する必要がある

このような消滅時効の援用を防ぐために、従来、金融機関としては連帯保証人に対して、絶対効が生ずる時効中断の方法——すなわち訴訟提起などの請求行為を行うなどの選択をしていたのですが、民法の改正によって、履行の請求に絶対効がなくなりましたので、主債務者も含めて、時効の完成猶予を検討しなければならなくなります。

マンガのケースでは、主債務者から債務承認が得られれば簡単なのですが、代表者の行方がわからないためできません。そこで連帯保証人に対して（または主債務者も共同被告として）、訴訟を提起するなど裁判上の請求を行うことが考えられます。

なお、この場合、確定した判決と、その他確定判決と同一の効力を有するもの（例えば、仮執行宣言付支払督促、裁判上の和解、調停調書など）については、再度の時効期間が10年に延ばされます（同法１６９条）。

いずれにしても、連帯保証人に対してのみ履行の請求をした場合、主たる債務の時効完成猶予の効果がないため、あらかじめ、金融機関と主たる債務者との間の合意によって、連帯保証人への履行の請求をもって、主債務者への履行の請求が及ぶものとしておくなどの手当が不可欠となります。

ここがポイント！

民法改正で履行の請求に絶対効がなくなった。今後は、連帯保証人への履行の請求が主債務者にも及ぶような手当が不可欠となる。

第32話 合意による時効の完成猶予

う〜ん
これは どういう…
どうしたんだ 難しい 顔をして
あ 課長 実は 時効の 管理について 調べているん ですが…
何か わからないことが あるのか
はい 新しい用語や制度でも 消滅時効の「完成猶予」や「更新」などは 理解ができたのですが
「合意による完成猶予」というのがちょっと…
なる ほど
そこは少し わかりにくいかも しれないな

債務者
これまで時効は債務者側から「債務承認」をもらわないと中断しなかっただろ だけど その承認までのハードルがかなり高かったんだ
はい それに金融機関のような債権者側から言うと訴訟や差押えといった法的手段を執る必要がありこれについても大げさになってしまうという問題がありましたよね
金融機関
訴訟
差押
そうなんだ
そこで
債権の返済に向けた協議をおこなっていたという事実状態を尊重し
時効期間完成猶予
協議継続
金融機関
協議を引き続き行うことの合意をもって ひとまずは時効期間の完成を猶予しようということになったんだ
なるほど
ただ どの程度の利用効果があるかは
実務の今後にかかっているといったところかな
そうなんですか

解説

第32話　合意による時効の完成猶予

●「協議」を行う合意で、時効の完成を猶予

消滅時効に関しては、従前の「中断」や「停止」といった制度が廃止され、「完成猶予」と「更新」として整備されたことはすでに説明したとおりです（第3話参照）。ここまではその「事由」の主なものについて、金融実務との関係を見てきたわけですが、改正法により、新たに時効完成を阻止する手法が規定されています。

これまでも、当事者間において、金銭等をめぐる紛争が長期化し、協議を重ねている間に、消滅時効の期間が迫ってきてしまい、消滅時効を中断する目的のみで、望んでいないはずの調停手続きや訴訟手続きを申立てざるを得ない場面がありました。ただ、当事者間では、協議による任意の解決を志向しているのですから、重厚な法的手続きを採用することは当事者にとって負担でもあり、紛争が先鋭化することが解決を阻害する要因になっていることが問題視されてきました。

そこで改正法では、当事者間において、権利についての「協議」を行う旨の合意が書面または電磁的記録によりされた場合には、時効の完成を猶予することにしたのです。

●5年を超えない範囲で繰り返しの合意が可能

この点、まずは「協議」といってもさまざまであり、一方、当事者が消極的で、あまり話し合いに参加していないような場面では、時効の完成猶予を認めることは適切でないため（債務者には時効の利益もあります）、改正法では、問題とされている権利の存否や内容について協議を行う旨の合意をしていなければならないとされました（民法151条）。

一方で、このような段階に至っていれば、重厚な契約書類での手続きまで要請すること

は、かえって新制度の運用を阻害しますので、ここでの「書面」や「電磁的記録」については、双方当事者の署名押印までは不要とされ、様式や書式にとらわれることなく、例えば、メールでのやり取りでも足りるとされました。

この点、「催告」（裁判外での請求）との相違ですが、「催告」が一度限りの制度であるのに対し、この制度では再度の合意をすることも可能です。

合意の有効期間は1年または、それよりも短い期間を定めた場合にはその期間となりますが、繰り返し合意をする場合でも、本来の時効完成すべきであった日から5年を超えて合意を繰り返すことはできないとされています。

なお、時効完成の猶予期間中に交渉決裂となった場合には、以後の協議を拒否する旨の通知を出状後、6ヵ月の経過時まで完成が猶予されるにとどまります（それ以前に当初の合意期間が到来すれば、当初の期間まで猶予）。

実務上の協議や交渉経緯を尊重する制度であり、使い勝手はよさそうですが、その有効性や効果は未知数ですので、適用ケースは選別する必要があります。

ここがポイント！

協議を行う合意があれば時効の完成を猶予する新制度が設けられた。合意は5年以内なら繰り返し行うことができる。

〈定型約款〉

第33話

定型約款と住宅ローン

課長
ちょっと質問していいですか
TANPOPO
タンポポ銀行
なんだい加藤君
今回の改正で定型約款という制度が導入されましたよね
定型約款
されたね
定型約款については改正法によって定義や用件が明示されたことから今後広く利用が予定されている
改正債権法
定型約款
で定型約款がどうかしたか？

約款というと金融機関では預金約款が典型的ですが一般の融資契約や住宅ローンなどにも定型約款の規定の適用があるのでしょうか
預金約款
融資契約
住宅ローン契約
BANK
法人
金融機関
一般の融資契約は多種多様な顧客に対し具体的な条件を設定しなければならないからね定型約款の適用は難しいだろうね
そうですか でも住宅ローンであれば
比較的条件も画一的ですしどうかなと思ったのですが
鋭いね
加藤君の言うとおり住宅ローン契約については定型約款に該当すると考えられているんだ
ただ実務的にいうと住宅ローン契約ではもともと契約内容の確認がしっかりと行われており、従来の取扱いから大幅な変更はないかもしれないね
なるほど

解説

第33話　定型約款と住宅ローン

●住宅ローン契約が定型約款に該当するには…

第2話で述べたように、改正法は定型約款という新しい概念を設け、一定の要件を満たせば、当事者間で定型約款の個別の条項についても合意があったとみなすこととしました。またさらに、一定の要件を満たす場合は、「定型約款準備者」（取引において、定型約款を準備する者）は定型約款を変更できるとしました。

定型約款と判断されるメリットとしては、契約成立が緩やかになることと、一方的な内容変更が可能となることが挙げられます。他方、注意点として、同じく第2話で述べたように、開示義務があることに加え、不当条項規制等の適用を受けることがあります。

では、住宅ローン契約は定型約款に該当するのでしょうか。それには住宅ローン取引が「定型取引」に該当する必要があるため、まずはこの点について検討していきます。

定型取引の要件としては、①「ある特定の者が不特定多数の者を相手として行う取引」であることが挙げられます。この要件は、相手方（取引相手）の個性に着目する取引を定型取引から除外するためのものです。

住宅ローン取引が相手方の個性に着目するものかどうかを考えると、たしかに、住宅ローン取引には、相手方の資力に着目するという側面があります。しかし、相手方が消費者・事業者のいずれであっても、その審査は属性に関する調査や年収等の信用調査など定型的なものにとどまり、これら定型的な審査で特段問題のなかった相手方については、基本的にはその個性に着目することなく取引が行われています。

そのため基本的には、住宅ローン取引は「ある特定の者が不特定多数の者を相手として行う取引」に該当すると考えてよいでしょう。

約款を契約の内容とすることの合意があるといえる

「定型取引」の要件として、②「取引内容の全部または一部が画一的であることが双方にとって合理的な取引」とありますが、住宅ローンの取引内容が画一的であることは、大量処理や迅速化を実現することに役立ちますので、当事者双方にとって合理的といえます。したがって、住宅ローン取引は、②の要件も満たすと言えるでしょう。

また、定型取引において、契約の内容とすることを目的として特定の者により準備された条項の総体が「定型約款」となりますから、住宅ローン契約において準備されている約款は「定型約款」となります。

もっとも、住宅ローン契約が定型約款に該当するとしても、その個別の条項について合意があったとみなされるには、住宅ローン約款を契約の内容とするか、金融機関側が事前に住宅ローン約款を契約の内容とすることを表示している必要があります。この点については、契約当事者の双方が署名押印等し、その内容について説明されているのが通常ですから、住宅ローン約款を契約の内容とすることの合意があるといえるでしょう。したがって、住宅ローン約款においては、通常、そのとおりの合意が成立していると思われます。

ここがポイント！

住宅ローン取引は定型取引の要件を満たし、その契約の条項は定型約款とみなされる。契約者との合意も通常成立している。

まとめ

●債権の状況を察知して、その後を見通した対応を

以上見てきたように、金融実務における「債権管理の実務」は、社会的活動を行い常に流動する状況に対し、①その動向を感知し、②事態を見極め、③適切な処理を行い、④債権の正常化等に努める作業——といえます。

債権の状態が、融資した当初のまま着実に返済が行われるのであれば、債権管理の必要もありません。しかし、プレーヤーに変化が起こり（相続、合併、行方不明）、担保や保証に変化が生じ、債権保全の必要性が求められるなど、ひとたび債権に変容をきたすと、担当者としては、何を、どのように行うべきかを瞬時に考え、以後の回収に支障がないように対応しなければなりません。

本書のテーマの中には、少し高度な法的問題を扱ったものもいくつかあります。ただ、それらに関しても、決して通常業務で発生しない問題ではありません。問題に対する視点は、管理業務に共通するものです。

先ほど述べたように、債権の管理においては、状況を感知すること、そしてその後を見通して対応することが肝要となります。そのためには、少しでも多くの知識と経験を獲得しておく必要がありますし、アンテナを高く広く掲げておく必要があります。管理業務においては、民法、会社法といった基本となる法律の知識が不可欠ですし、契約書をはじめとする書類の作成実務にも慣れ親しんでおく必要があります。本書をとりかかりとして、より多くの事例や文献に接し、研鑽を積まれることを期待します。

3

債権回収の実務編

〈期限の利益〉

第34話

期限の利益と喪失事由

ところで加藤君
分割で返済しているところを一括返済にする方法ですよね
夕暮商事
TANPOPO
う〜ん簡単に言うとそうだけど
そもそも期限の利益喪失ってどういうことかはわかっている?
どうして期限の利益喪失通知を送らなければいけないの?
期限の利益を喪失させて一括返済にするには
どんな場合も通知が必要なんだっけ?
いえ…
たしか
返済が遅れた場合は必要だと銀行取引約定書に書いてあったような気が…
取引約定書
期限の利益喪失通知を内容証明郵便で出す理由もわかっているかな?
え
え〜っと…

解説

第34話　期限の利益と喪失事由

●民法が定める以外にも、約定書で定める喪失事由が

融資を実行するときには、返済条件として、一定期間の分割返済とするか、返済期日を定めて一括返済とするか、いずれにしても将来に向けて、返済の猶予期間を設けるのが一般的です。猶予期間内であれば、債務者は債権者から一括返済の要求を受けない利益を享受できますが、これを「期限の利益」といいます。

他方、債権者としては、債務者の経済的状況が悪化するなど、信用を失うような事態に直面した際には、期限の到来を待たずして、一括請求できる状態にできれば便宜です。

そこで、まず民法では、「期限の利益」を失わせる事由として、債務者に生じた次の3つを定めています。

①破産手続開始の決定
②担保の滅失、損傷または減少
③担保供与義務の不履行

これらのいずれかに該当した場合、債権者は、債務者に対して、当初定めた期限にかかわらず、即時の一括請求を行うことができるとしています。これを「期限の利益喪失」といい、各事由を「期限の利益喪失事由」といいます。

ただ、金融実務上、債権者として、期限の利益喪失事由が前記3つに限られてしまうと、機動的な回収ができないうえ、融資の際に慎重にならざるを得ず、円滑な融資に支障が生じるおそれもあります。そこで、金融取引においては、民法の規定のほかに、当事者間の合意として取引約定書を取り交わし、そこで、いくつかの「期限の利益喪失事由」を組み込んでいます。

●請求喪失事由の場合は、債務者に事由解消の機会が

期限の利益喪失の種類・方式としては、一定の事由が生じた場合には当然に期限の利益を喪失する方式（当然喪失）と、一定の事由に加えて、債権者からの都度の意思表示（請求）を必要とする方式（請求喪失）とがあります。期限の利益喪失は、債務者に重大な影響を及ぼすことから、期限の利益喪失事由の内容・程度に応じて、当然喪失事由とするか、請求喪失事由とするか、区別をしていることになります。

期限の利益喪失事由のうち、「支払停止、破産、民事再生等法的倒産手続きの開始」「手形の取引停止処分」「差押、仮差押」など比較的重大なものは当然喪失事由とされます。それ以外の「支払遅滞」「取引約定違反」などは、請求喪失事由として、債務者に対して、事由該当の解消の機会を与えるものが多いといえます。

なお、請求喪失の場合に、債権者から債務者に発送される請求書を「期限の利益喪失通知」といいます。請求の方式は特段定められていませんが、後日、請求の有無を巡る紛争を回避するために、内容証明郵便により発送し、到達を確認するために郵便物配達証明書の申請をしておくのが通常ですし、また有益です。

ここがポイント！

期限の利益喪失には、一定の事由の発生により当然に喪失する「当然喪失」と、債権者からの意思表示が必要な「請求喪失」がある。

〈期限の利益〉

第35話

保証人への情報提供

課長…
凸凹産業への
事業貸付ですが
凸凹産業
残念ながら
返済がありませんので
期限の利益喪失通知を
出すことになりました
先代社長
連帯保証人
たしか
あそこは
先代の社長の
連帯保証が
入っていた
けれども
いまの社長との
仲はどうなの
たしか　経営を巡って
決裂した様子も
ありましたので
円満では
ないように
思います

そうすると
先代の社長に
保証履行の請求をすると
凸凹産業の財務状況について
確認が入りそうだね
保証履行の請求
財務状況の確認請求
連帯保証
凸凹産業
貸付
金融機関
返済なし
保証人ですから
主債務者の情報を
開示することに
問題はないように
思いますが
そうだね
でも
これまでは
保証人に対して
主債務者の情報を
どこまで開示するか
明確な規定は
なかったんだよ
先代の社長ということで
あまり気にして
いませんでした……
今回の債権法の
改正によって
情報の開示と
あわせて
個人の
保証人に対しては
期限の利益
喪失通知を
発送することも
明記されたので
チェックしておいた
ほうがいいね
改正債権法
情報の開示
金融機関
期限の利益喪失の通知

解説

第35話　保証人への情報提供

●保証人に情報提供すべきかは、保証委託の有無による

第19話において、保証人保護の方策として、保証契約締結時の情報提供について触れました。保証人保護の要請は、保証契約締結の場面に限らず、債権の管理回収の場面においても働くことになります。

保証人は、常に主債務者の返済（履行）状況に興味がありますし、いざ主債務者が期限の利益を喪失した場合には、以後の方針を策定しなければなりませんので、当然、主債務者の現状についての情報が不可欠になります。ただし、主債務者からすれば、自身が委託した保証人に対しては、返済状況（ひいては財産状況が伺われます）等が開示されてもやむを得ないと考える反面、委託を受けていない保証人に対し、どこまで情報を開示するのがよいのか、債権者としては判断に迷う場面もあります。

そこで改正法では、保証契約締結後の情報提供に関し、保証委託の有無によって保証人に対し情報提供をすべきか区別しています。債権者は、委託を受けた保証人（法人、個人を問わず）から請求があれば、主債務の元本、利息、違約金、損害賠償、その他債務に従たるすべてのものについての不履行の有無、その残額、弁済期が到来しているものの額に関する情報を提供しなければなりません（民法458条の2）。

なお、この不履行（情報の不提供や虚偽情報の提供）について、債権者を罰する規定等はなく、あとは保証人からの損害賠償請求がなされるかどうかといったことになります。

●個人保証の場合は、期限の利益喪失時に通知義務

このように改正法では、委託を受けた保証人に対してのみ債権者に情報提供の義務を課

していますが、委託を受けない保証人から、残元本の開示請求がなされた場合、これに応じないとするのも奇異に感じます。

保証人へ、支払うべき金額を提示できず、それゆえに円滑な債権回収に危惧が生ずることは、債権者としても回避したいところです。ついては、あらかじめ、または事後にでも、委託を受けない保証人からの請求であっても情報提供ができるように、主債務者から同意を得ておけば無難と考えます。

また、個人保証に限定してですが、主債務者が期限の利益を喪失した場合には、保証の委託の有無を問わず、債権者としては、保証人に対しその旨を通知しなければなりません（民法458条の3）。通知の期限は、債権者が期限の利益喪失を知ったときから2か月以内とされています。

債権者がこの通知を怠った場合には、債権者は、通知（請求）をしなかった一定期間の遅延損害金を請求できなくなるというペナルティーが課されます。期限の利益喪失が対抗できなくなるわけではありませんが、適時回収に支障が生じたり、回収すべき金額が回収できない結果を招きますので、この点、注意が必要となります。

ここがポイント！

情報提供の義務があるのは、委託を受けた保証人に対してのみだが、個人の保証人には、委託なしでも、期限の利益喪失の通知は必要。

〈法的回収手段〉

第36話

債務名義の概要

課長 融資先の 山里商事の件で 相談があるのですが――
TANPOPO
タンポポ銀行
どんなことだい
実はすでに 3ヵ月以上も 返済がありません
…たしか あそこは
前から延滞を 繰り返していたところだね 返済条件の変更も 何回か行っていたんじゃ ないのかな？
山里商事
そうなんです 社長の説明でも 売上の減少が 止まらないようですし 回復も難しそうです
売上
仕方ない 期限の利益喪失通知を出して 残りの貸金を回収するか
担保の状況は どうなんだ？

保証人である社長の自宅に根抵当権を設定していますが担保割れになっています
そうか ほかに何か資産はないのかね？
確認してみたところいくつか不動産を持っているようです
なるほど
となると差押を行えば担保以外の財産から回収できるかもしれないんだね
加藤君 早速準備にかかろう
わかりました
ちょっと待って！ 担保以外の財産から回収する場合特定の手続きが必要なんだけどわかっているのかい？
え？
特定の手続き？
ああ ウチが山里商事に債権を持っていることを証する書類がいるんだが――
必要な手続きがわかるかな？
そ
それは…

解説

第36話　債務名義の概要

強制執行にあたっては債務名義が必要

マンガのケースでは、タンポポ銀行は、条件変更を繰り返しながらも山里商事から約定分割返済を受けていたようですが、ここに至って、山里商事の返済が滞ってしまったようです。この場合、従前の約定分割返済の条件が生きたままでは、債権者である金融機関として具合が悪いため、取引約定書などに基づき債務者に対して期限の利益喪失通知を発送し、貸付債権の残金のすべてを一括して請求できる状態にしておきます。

この場合でも、金融機関が（根）抵当権などの担保を有している場合や、預貯金との相殺ができれば、回収がはかどります。しかし往々にして担保がなかったり、また、担保があったとしても貸付債権の残金に満たない場合があり、この場合は、債務者が有する一般財産（担保に取っていない財産を意味する）からの回収を検討しなければなりません。

この点、法律上は債権者が債務者の有している債権、動産および不動産などの財産に対して差押を行い回収する方法が規定されていますが、差押などの強制執行を行う場合には、「債務名義」といわれる書類が必要となります。

強制執行は、債務者の財産を国家機関（裁判所）によって強制的に換金して債権者に配分する制度であるため、債権者の債務者に対する債権が実存し、かつ有効であることが確定されていなければなりません。そこで裁判所は、債権者が債務名義を持っていることを確認したうえで手続きを行うのです。

貸金返還請求訴訟により確定判決を得て回収を

では、債務名義とは具体的にどのようなものでしょうか。

債務名義は、債権者の債権を確定するもので、民事裁判の確定判決が最も代表的なものです。このほかにも、確定前の判決ではあっても仮執行宣言がついた判決、仮執行宣言のついた支払督促、また「直ちに強制執行に服する」旨の執行受諾文言がついた公正証書（執行証書）などがあります。さらに、裁判所での調停調書、和解調書などもこれに入ります。

そして、これらの債務名義に執行文を裁判所から付与してもらうなどの手続きを経て、強制執行手続きが開始されることになります。

マンガのケースでも、債務名義がない状態では強制執行ができませんので、確定判決を得ることがよいでしょう。そのためには、貸金返還請求訴訟を裁判所に提起して、裁判所の審理を経たうえで、判決をもらうことになります。

一般的には、裁判は相応の時間を要しますので、裁判手続きを要しない執行証書を、あらかじめ公証役場で作成しておくことも有益です。しかし、これには作成費用がかかりますので、ケースバイケースといえるでしょう。

ここがポイント！

差押などの強制執行を行うには、債務名義が必要。代表的なものが民事裁判の確定判決で、貸金返還請求訴訟を提起し、判決をもらう。

第37話

「支払督促」の手続き

TANPOPO
タンポポ銀行
課長
海水不動産の件で
ご相談があります
たしか
長い間返済が
滞っている先だね
はい
そこで
担保に取っていない
リゾートマンションの
売却による返済を
社長に相談して
いるのですが…
海水不動産
社長
相談役
社長の
父親である
相談役が
売却に反対
していて
任意での
返済が
難しい
ようです

うーん
福利厚生の施設だから
売却しても事業に影響はなさそうなんだけどね
相談役にとっては思い入れのあるマンションのようでして…
ただ当行としてもこのままの状態では困るしな…
社長の意見としては競売にでもなれば相談役もあきらめるのではないかとのことです
なるほど
だが 競売にかけるには債務名義が必要だよね
今から訴訟を提起して判決を取るのは費用も時間もかかるしそのためだけに弁護士に依頼するのは大変じゃないかい？
そうですね
じゃあどうすればよいのでしょうか
今回のように回収にあたり債務者の同意を得にくい場合に有効な方法があるんだがわかるかい？
有効な方法？
え～と…

解説

第37話 「支払督促」の手続き

●訴訟に比べると手続きが簡易な支払督促

マンガのように、債務者内部の事情によって金融機関の対応が左右される事態は、極力回避すべきでしょう。当然に、債務者を鋭意説得して、迅速な債権回収を図ることが必要といえます。

他方、法的回収の方法を取るとしても、債務名義を取るには通常、訴訟等が必要で、手間がかかります。そこで、債務の存在に争いはないものの債務者の同意を得にくい場合には、訴訟ほど手続きが複雑でない方法として、「支払督促」を行うとよいでしょう。

以下では、支払督促の制度について紹介します。

支払督促も裁判制度の1つですが、その発令者が、裁判官ではなく書記官であり、訴訟の場合に要求される証拠は不要とされています。また裁判所に納付する手数料も、訴訟に比べて半額程度となっています。

ただし、申立てができる裁判所が、債務者の住所地を管轄する簡易裁判所となっていることから、債務者の住所が不明な場合は申立てが困難となりますので、注意が必要です。

●異議の申立てがあると民事訴訟としてやり直しに

次に、支払督促の具体的な手続きについて見ていきましょう。支払督促では、次のように「支払督促の発付」「仮執行の宣言」と、手続きが2段階になっている点がやや複雑といえます。

①金融機関等の金銭債権の債権者は、まず管轄の裁判所に対して、「支払督促」の申立てを行う（証拠は不要）

②裁判所では、形式的な審査を行い、その後、「支払督促」が発付される
③債務者は、支払命令を受領してから2週間以内に異議を申し立てることができる
④債務者から異議がない場合には、債権者は「仮執行宣言」の発付を裁判所に申し立てる
⑤裁判所では、同じく形式的な審査を行い、「仮執行宣言」が発付される
⑥債務者は、これを受領してから2週間以内に異議を申し立てることができる
⑦最後まで、債務者から異議の申立てがない場合には、「仮執行宣言付き支払督促」が確定することになる

このうち③や⑥で債務者から異議の申立て（特に理由は必要ない）があると、事件は、通常の訴訟事件として裁判所に係属することになり、民事訴訟として最初から審理が行われることになります（手数料を追納し、必要に応じて弁護士に依頼して、証拠も必要となる）。

支払督促は、債権者にとって非常に便利な制度なので、債務者に対しても正式な裁判で争う機会を与える必要があります。そのため、前述したような2段階の手続きによって、異議の申立てが容易にできるようになっているのです。

ここがポイント！

回収にあたり債務者の同意が得にくい場合、有効なのが「支払督促」。手続きが容易で、債務者の異議がなければ、すぐ回収に入れる。

第38話

特定調停への対応

TAN
タンポポ銀行
課長 ちょっと ご相談が あります
以前 融資をした 霜柱商事なんですが 良くない噂を 聞きまして…
どんな噂だい？
あまり業績が 良くなく――
任意整理を検討したり 法的手段を申し立てる 動きもあるとか…
それは マズイなあ
そもそも 仮に倒産するにしても 霜柱商事の場合 当行をはじめ 債権者がとても多いから――
霜柱商事
債権者
任意整理では 債権者の間で 話がまとまらないだろう
――となると 法的手段ですか？

いや 法的手段では時間や費用がかかりすぎる
これはひょっとしたら特定調停となるかもしれないね
特定調停？
いずれにせよ様子を見ようしっかり監視してくれよ
2ヵ月後
課長 先日相談した霜柱商事ですがやはり特定調停の申立てをしたそうです！
たっ たっ
知っているよ このとおり 裁判所から特定調停の呼出状がきていたからね
呼出状ですか？
ああ 早速加藤君に裁判所に行ってもらいたいんだ準備も頼むよ
え？
どうしたんだい？歯切れが悪いようだけど…
実は…特定調停というのは初めてで…
準備って何をすればいいのでしょうか？
フフフ この場合——

解説

第38話　特定調停への対応

●特定調停は法的整理に比べ手続きが簡易・迅速・柔軟

企業や個人の財務状況が悪化した場合、まずは裁判所が関与しない「任意整理」が検討されますが、債権者が多いなどの理由で個々の債権者との交渉・合意が難しいケース等では、裁判所を介した破産や特別清算（清算型）、民事再生や会社更生（再生型）等の「法的手段」が利用されることになります。

ただし、法的手段は時間も費用もかかり、手続きも厳密に行われることから、事案によっては、比較的手続きが容易な調停制度を活用することが考えられます。

この場合、民事調停（民事上発生する諸問題を解決するための一般的制度）ではなく、債務弁済の調整に特化した制度である「特定調停」を選択するケースが多いといえます。特定調停は、簡易・迅速、かつ柔軟な手続きといった調停制度の特性を活かしながらも、債務弁済の調整に適した特別な制度として、平成12年に施行されました。

特定調停は、多数の債権者との間で債務の調整を迅速に行うことを目的としているため、一般的な民事調停とは異なり、以下の手当てがなされています。

①申立人は「関係権利者一覧表」「財産の状況を示すべき明細書」の提出が義務付けられ、裁判所が早期に債権者等の顔ぶれや申立人の財務状況の全体を把握できるように制度が設計されている

②管轄裁判所の規定が緩和されており、同一債務者の事件は併合して行うこととされ、また事案の関係者の手続きへの参加が容易になっている

③調停委員会による事実の調査や、当事者らに対する文書提出命令が可能である

④調停の成立が容易になるような手続きになっている（書面による調停条項受諾など）

●当該債務者に関する返済履歴や残高等の確認を行っておく

特定調停は、個人はもちろん法人の債務整理でも利用され、現在では一般的に定着した制度といえますが、融資先が特定調停を利用した場合、金融機関は多くのケースにおいて「相手方（債権者）」となります。

相手方として特定調停に臨む場合、まずは正当な理由がないのに出頭拒否をしないこと（違反者には過料の制裁がある）です。また、調停委員からの質問に正確に答えられるよう、当該債務者に関する返済履歴や残高の確認、資料（金銭消費貸借契約証書、変更契約書、催告書、交渉経緯等）の整理を行っておくべきといえます。

また、期日に先立ち、返済条件変更の可否およびその程度を内部で固めておくことは不可欠です。その際には、調停が不成立になった場合に、債権者としてどう回収または対応（担保実行、訴訟提起等）するのかといった点を踏まえて検討することが必要でしょう。

債務者の再建に向け、債権者としても、調停に真摯に取り組むことが大切といえます。

ここがポイント！

債権者として特定調停に臨む際は、債務者の返済履歴や残高を確認し、条件変更の可否や程度を内部で固めておくなどの準備が不可欠。

第39話

仮差押の目的物の選択

おーい
加藤君
TANPOPO
タンポポ銀行
杉山商事の件だけど今月も返済がなかったようだね？
そうなんです社長も開き直っている状態で…
延滞して3ヵ月になるし期限の利益喪失通知を郵送するとしよう
はい
すぐに準備します！
杉山商事への融資には担保がないから
訴訟を提起して強制執行まで検討せざるを得ないな

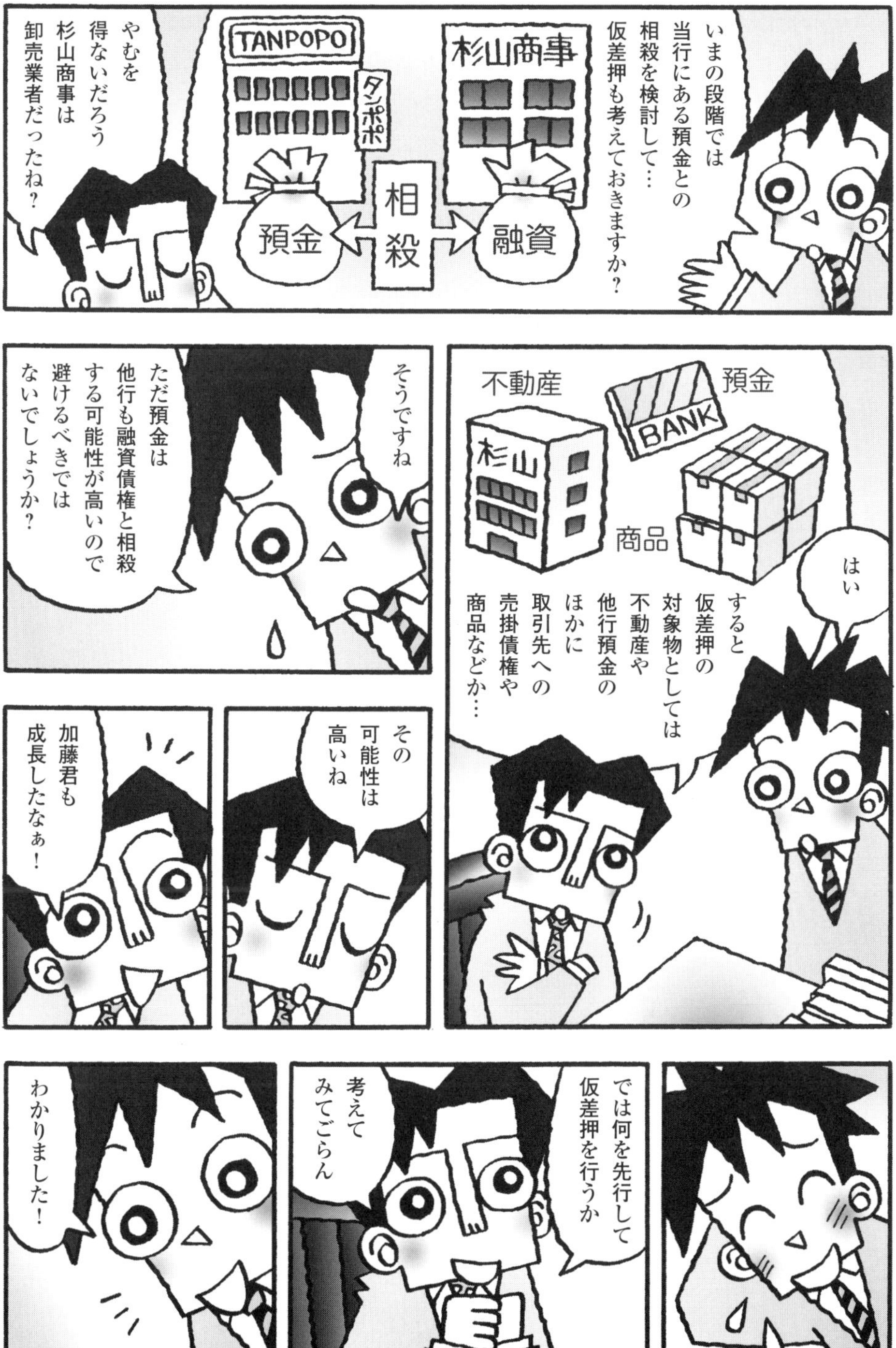
いまの段階では当行にある預金との相殺を検討して…仮差押も考えておきますか？
杉山商事
融資
相殺
預金
TANPOPO
タンポポ
やむを得ないだろう杉山商事は卸売業者だったね？
預金
BANK
不動産
杉山
商品
はい
すると仮差押の対象物としては不動産や他行預金のほかに取引先への売掛債権や商品などか…
そうですね
ただ預金は他行も融資債権と相殺する可能性が高いので避けるべきではないでしょうか？
その可能性は高いね
加藤君も成長したなぁ！
では何を先行して仮差押を行うか
考えてみてごらん
わかりました！

解説

第39話　仮差押の目的物の選択

●民事保全の手続きは訴訟手続きよりも簡略

民事上、訴訟を提起し判決を得て強制執行に至るまでには、ある程度の時間と手続きが必要になります。この間に、債権者の権利実現のために必要な債務者の一般財産が、散逸、隠匿、譲渡されるなどすると、債権者は不利益を受けたり、目的を達成できない状況に陥ることが想定されます。そこで、このようなおそれを排除し、債権者の権利実現に資する制度として、民事保全手続きが準備されています。

保全手続き（ここでは、仮差押を念頭に置く）は、その目的から、①手続きには迅速さが求められるため訴訟手続きに比べて略式化され、債権者は証明よりも程度が低い疎明をすれば足りるとされており、②その半面、あくまで本格的な訴訟手続きによる権利の確定実現までの暫定的な処分にすぎないので、処分の内容も必要な限度に制限されます（換価までは進行しない）。

保全手続きでは、債権者は「請求すべき債権（被保全債権）」とともに、仮差押をするための「保全の必要性」を主張し、疎明したうえで、債務者財産への仮差押を求めることになります。

保全の必要性とは、債務者の財産の変動によって、債権者の将来の強制執行が阻害されるおそれがあることを指し、債務者に財産隠匿や譲渡等のおそれがあることをその内容とします。債権者がこれらの疎明のための証拠類を準備し、申立書を裁判所に提出することで、保全手続きはスタートします。

裁判所によって、書類の審査だけで済ませるか、債権者との面接（審尋）まで行うかは分かれますが、裁判官が被保全債権と保全の必要性がそろって疎明されたと判断すると、担保金を決定します。

債権者がこの指定された担保金を供託すれば、裁判所から仮差押命令が出され、その後、仮差押の対象物ごとに定められた方法で、仮差押が執行されることになります。これにより、債務者は当該財産を処分できなくなり、また処分した場合でも、仮差押債権者に対抗できないという効力が付与されます。

●債務者の業態を考慮し、効果のある財産を選択する

このように仮差押は、債権者にとって比較的強力な保全策ですが、債務者への打撃も大きいため、保全の必要性判断では、仮差押の対象物が債務者にとってダメージの少ない財産であるか否かが考慮されます。一般的に売掛債権や商品などの財産を対象とすることは、取引先の信用や営業継続の観点から被る損害が大きいといえますし、不動産類であれば比較的ダメージは小さいということができます。

ただ、これはケースに応じて個別具体的に判断されるため、債権者としては、債務者の業態を考慮しながらも、最大限効果（回収見込み）のある財産を選択すべきということになります。

ここがポイント！

保全の必要性判断では、債務者へのダメージが考慮されるが、それもケースによるため、仮差押は回収見込みが最も高い財産を選ぶ。

第40話
不動産競売の申立て

加藤君――
TANPOPO
タンポポ銀行
例の「雨雲産業」の件だけど まだ滞納は続いているのかい？
そうなんですよ…
雨雲産業
抵当権
雨雲産業については たしか自社の土地建物に抵当権を設定していたよね その実行はやむを得ないのかな
はい 先日 社長とも面談しましたが 返済のメドは立たないようです
担保物件の任意売却の話はしたのかい？
相談しましたが断られました

それでは
期限の
利益喪失通知を
発送した後に
抵当権を実行
することにしよう
申立ての手続きは
大丈夫かな
えーと
確認します
裁判所に申立てを
行う書類は――
ヤバイ
どんな書類を
提出すれば
いいんだろう
どうだい
書類の準備は
できたかい
あ
課長
不動産競売申立書や
債務者の資格証明書
公課証明書などは
ありますが
これで
大丈夫で
しょうか？
ふふ
肝心の担保権の存在を
証する書類が
ないんじゃないの？
え？
そんなものが
必要なんですか…
ああ いわゆる
法定文書だね
法定文書…
いったい
どんな書類が
該当するんですか？

解説

第40話　不動産競売の申立て

●不動産の所在地を管轄する裁判所に申立てを行う

金融機関では融資を実行するにあたり、債務者に不動産があれば通常、これに（根）抵当権を設定するなどして、担保を取得しておくと思われます。では、実際に（根）抵当権を実行する場合には、どのような手順を踏むことになるのでしょうか。

マンガの事例では、すでに債務者の滞納が始まっており、タンポポ銀行が期限の利益を喪失させれば、実行のための要件は整ったことになります。

この場合、金融機関としては、不動産競売申立書を作成し、必要書類を添付して、裁判所に対して競売の開始を申し立てることになります。

このとき、申立てを行うのは、「不動産の所在地」を管轄する裁判所です。債務者の住所地や、債権者の所在地等ではありませんので、注意が必要です。

また、必要書類の中で最も重要なものとして、「担保権の存在を示す書面」があります。この書面を「法定文書」といいますが、法定文書の種類については、民事執行法181条に規定されています。

法定文書の一番典型的なものとしては、（根）抵当権が登記された不動産登記簿謄本（登記事項証明書）があります。このほかに、（根）抵当権の存在を認めた確定判決や公正証書もあります。これら公文書によらない単なる抵当権設定契約書では、手続きは開始されません。

●法定文書の提出以外に資格証明書や予納金も必要

そもそも担保権の実行は、債務者の所有財産への侵害行為ともいえるため、その担保権の存在は公的に証明されなくてはなりません。他方、債権者の利益に資するため手続きは、相手に知られないように、かつ迅速に行われることが要請されますので、法律上は、法定文書の提出をもって足りることとし、それ以上の立証等を債権者に要求していません。この点が、債務名義に基づく強制競売と最も異なる点といえます。

ですから債権者としては、担保を設定する際、（根）抵当権を登記しておくことが重要であり、かつ、それで足りることになるのです。

手続き開始のためには、このほかに債務者の資格証明書・公課証明書などの添付書類、当事者目録をはじめとする各種目録、そして登録免許税や予納金といったお金も必要となります。

担保権実行手続きは、やや専門的な事項となりますが、形式的・定型的色彩の濃い手続きですので、一度しっかり習得してしまえば、後は比較的容易に準備をすることができるといってよいでしょう。これらの準備が整ったところで競売手続きの開始となります。その後の配当手続きまで、複雑な手続きが続きますが、まずは、申立てのための手順を理解することが大切です。

ここがポイント！

不動産競売の申立てなど担保権の実行には、「法定文書」が必要。（根）抵当権が登記された不動産登記簿謄本などを提出する。

債権回収の実務編

〈法的回収手段〉

第41話

担保不動産所有者の死亡

加藤君 この吉田太郎さん ローンの返済が 相当滞っている
すでに期限の利益を 喪失したので 担保に取っている ご自宅を 処分するしかないね
わかりました
一度 本人に 連絡してみます
ピッ ピッ
タンポポ銀行の 加藤と申しますが 吉田太郎さんの お宅ですか？
そうですが 吉田太郎さんは 先日 亡くなりました
え？ そうなん ですか
相続人の方は いらっしゃいますか？

私は生前彼に頼まれてこの家を管理しているだけなので詳しいことはわかりませんが――
確か息子さんがいたと思いますいまはどこか遠くにいるようですが…
……
――となるとおそらく担保不動産の所有権もその息子さんに相続されただろうから
彼を相手に手続きしよう
TANPOPO
タンポポ銀行
そうしたいところなのですが実はご自宅の所有者名義は吉田太郎さんのままなんです
息子さんに名義変更をしてもらえないのかい?
「自分は関係ない」の一点張りで…
ご協力いただけないんです
相続放棄もしていないようですし…
現在の所有者名義と
競売手続きの相手方が異なるわけか…
どうすれば担保不動産を競売できるでしょうか?
ふふふそれはね――

解説

第41話　担保不動産所有者の死亡

●「債権者代位権」を行使し、債権者が対象不動産を相続登記

抵当権等の担保権は、対象物である不動産等の所有者が死亡しても当然に効力を失うことはなく、債権者は担保権を実行することが可能です。

ただし、対象物の所有権は通常、相続人に承継されますから、債権者は、担保不動産を相続した相続人を相手方として、担保権実行手続きをとることになります。

他方、マンガのように、長期間にわたり担保不動産の所有者名義の変更がなされず、所有者名義が死亡した被相続人のままといったケースもあります。この場合、担保権実行手続きの相手方を被相続人とすることは、真の所有者である相続人の権利を侵害するものとして許されません。一方で、相手方を相続人として、担保不動産の競売申立てをしても、登記記録上の所有者（名義人）と異なるため、差押の登記が入らないことになります。

では、どう対応すればよいのでしょうか。

この場合、債権者が対象不動産の相続登記を行わざるを得ません。具体的には、民法423条による「債権者代位権」を行使して、債務者となった相続人に代位して登記申請をすることが多いといえます。

ただし、このような代位登記も債権者が自由にできるわけではなく、実務上は、代位の登記手続きのために、執行裁判所が発行する「競売申立受理証明書」が必要となります。つまり、これを添付して相続登記の申請をすることになっています。

●相続人不存在なら、相続財産管理人を相手方に競売申立て

この手続きについて、具体的に見ていきましょう。

債権者は、まず抵当権実行を申し立てる裁判所（執行裁判所）に対し、相続人を所有者とする競売申立書を提出し、これに被相続人の戸籍謄本等を添付して相続関係を明らかにします。このとき、債権者は前述した競売申立受理証明書の発行を申請することになります。

執行裁判所は、競売申立てを受けた段階で競売申立受理証明書を発行し、債権者に交付します。この交付を受けた債権者は、法務局に対し、抵当権の対象不動産について相続登記の代位手続きを行います。そして、不動産登記上の所有者が相続人名義になったことを確認したうえで、その登記事項証明書を執行裁判所に提出して、競売が開始されます。

マンガのケースでは、相続人が相続放棄をしていないことが前提となっていますが、時には相続人がいずれも相続放棄をするなど、相続人が不存在の場合もあります。

相続人不存在のケースでは、ここまで説明してきた手続きではなく、相続財産管理人を選任してもらい、その者を相手方に競売申立てを行うことになります。

ここがポイント！

裁判所から競売申立受理証明書の交付を受け、相続人に代わって対象不動産の相続登記を行ったうえで、競売に入る。

債権回収の実務編

〈法的回収手段〉

第42話

配当の順位

ぼ〜っ
どうしたんだい ボーっとして？
あっ！課長
小春商事の件で配当期日呼出状が届いたんです
小春商事
昨年 申し立てた担保不動産競売だね
はい
売却できたので競売の配当が実施されるそうです
配当期日 呼出状
タンポポ銀行
それは良かった

当行は第1順位の抵当権ですが
どうやら第2順位のはなみ銀行まで
配当が受けられそうなんです
TANPOPO
タンポポ銀行
はなみ銀行
HANAMI
となると…当行の回収は功を奏したといえそうだね
はい
でも確か…
小春商事には税金の滞納があったのではなかったかな?
そうなんです それで担保権と租税債権との優劣を気にしていたんですが――
今回は問題ありませんでした
租税債権
担保権
なるほど…
では加藤君
租税債権と抵当権のような担保権はどうやって優劣が決まるかわかるかい?
えーと
抵当権の設定登記をした日によると思います
今回のように――
抵当権が優先するのは登記が何の日よりも早い場合かな?
それは…

解説

第42話　配当の順位

申立費用などの執行費用は最優先で配当される

担保権の実行や強制競売等の執行手続きにおいて、配当等を受けるべき債権者は、民事執行法によって定められています（同法87条）。しかしながら、これらの債権者が平等に配当を受けられるわけではなく、配当期日においてすべての債権者間に合意が成立した場合（「合意配当」といわれる。実務上このようなケースはごくまれ）を除いては、民法、商法などの法律によって、その優劣が決まることになります。

さらには、公租公課といわれる「国税（所得税、法人税など）」や「地方税（都道府県民税など）」、または「公課（国民年金法や健康保険法等に基づき徴収される金銭的負担）」が、配当手続きに関与してくることによって、これらと私債権の優劣も問題になります。この点は、民法や国税徴収法といった特別法によって体系的に規定されています。

ここで、配当の順位を概括的に見てみると、まず、①共益費用たる執行費用、②公租公課に優先する私債権、③公租公課、④公租公課に劣後するが優先権のある私債権、⑤一般債権――という順になります。

①は、当該執行手続きのため、共同の利益のために費やされた申立費用などをいいます。このような執行費用は、最優先で配当されることになっています。

問題は、民法等の実体法の優先権を持つ担保権と、公租公課との優劣です。公租公課は一般的に、私債権に優先することになりますが、抵当権等の担保権については、私債権が優先するケースがあります。

公租公課との優劣は抵当権の設定日がポイント

抵当権を例として考えると、抵当権と公租公課との優劣は、抵当権の「設定の日」と、公租公課の「法定納期限」の先後で決することが、国税徴収法等に定められています。抵当権の設定の日とは、設定登記が行われた日であり、法定納期限とは、法律の規定によって租税等を納付すべき本来の期限のことです。したがって、法定納期限に先んじて抵当権の設定登記がされている場合には、抵当権が優先することになります（その他は公租公課が優先）。

次いで、公租公課の中にあっては、公租、特に国税が最優先とされ、公課はこれに劣後するのが原則ですが、例外などもあり優劣関係はやや複雑です。

最後に、私債権間においては、担保権の有無で優劣が決せられます。また、一般債権に対する配当をしても余剰があれば、債務者に還付されることになります。

このように、配当と一口にいっても多種多様な債権者が関係してくると、配当の順位の検討も極めて難しい問題となります。ただ、少なくとも前記のうち、公租公課と抵当権の優劣の考え方は覚えておいてください。

ここがポイント！

公租公課は一般的に私債権に優先するが、抵当権を設定登記した日が、公租公課の法的納期限より先なら、抵当権が優先する。

〈法的回収手段〉

第43話

差押債権の「特定」

オッ！加藤君
昼ご飯の時間も勉強とは――感心感心！
アッ課長――
いや…債権の回収って結構難しいですからね
法律も複雑ですし…
確かにね判例なんかも日々出されていて
法のすき間やあいまいな問題についても解決が図られているからそうした判例の確認も必要だよ
…債権差押の勉強をしているんだね
債権差押の基礎知識
債務者の有している債権の仮差押や差押をする場合において――
調べておくべき最も重要な事柄は何だと思う？
債務者がどこにどんな財産を持っているか――ですか？

そう——
債務者の第三者に対する債権の特定だ
債権は不動産などと違って一部の例外を除いては登記や登録の制度がないから債務者がだれに対してどのような債権をいくら保有しているかがわかりづらいからね
ですから…債権者としては確実に保有していそうな金融機関の預貯金債権を押さえるケースが多いのですね
むしゃむしゃ
その場合——債権者としては
債務者の有している金融機関の預貯金の存在をどうやって確認するんだろう?
——やっぱり以前もらっていた決算書などの内容を手がかりにして
○×銀行
メインバンクなどを探し当てるのでは…
じゃあ めぼしいメインバンクが見つかったとして
申し立てた差押の送達先はどうするんだい?
…実際に取引している支店を送達先として記載している事例が多いようです
支店まではわからない場合は?
うーん
差押はできないんですかねぇ…

解説

第43話　差押債権の「特定」

●債務者が金融機関に有する預貯金債権の特定が問題に

仮差押または差押（以下、差押で統一）は、債務者の有する特定の財産について行われます。債権に対する差押を申し立てる場合、申立人は、申立書に、債権の種類および額、その他債権を特定するに足りる事項（発生原因、日時、目的、弁済期等）を記載しなければなりません。特定が不十分であれば、その申立ては不適法となり、却下されてしまいます。

ここで問題となるのが、債務者が金融機関に対して有する預貯金債権の特定です。そもそも金融機関は、１つの法人として存在しているので、債権者は、当該金融機関を第三債務者として申し立てれば足り、送達場所として「支店まで特定する必要はない」とも考えられます。しかし、一般的には、債権者は差押申立時に支店を特定し、裁判所も支店を特定して発令しています。

これについては、債権者は、特定した支店に債務者の預貯金がない場合、債権差押の申立てが外れるリスクを負うので、強い不服感を持つところでしょう。

●金融機関や支店名等も特定しなければならないのが一般的だが…

そこで、１つの金融機関内に存在する複数または全部の支店に順位を付けて、「支店の店舗に付された順位に従って、請求金額に満つるまで当該支店にある預貯金を差し押さえる」という方法による申立てが行われたことがありました。これは、当該金融機関の支店までは不明ですが、預貯金があると見込める場合、特定した支店が外れた場合のリスクを回避できるため、債権者に便宜な方法と思われました。

しかし、最高裁判所は、この方法での差押申立を不適法としました。

最高裁判所は、民事執行規則133条2項が要求している差押債権の特定について、第三債務者において直ちにとはいえないまでも、差押の効力が差押命令の送達の時点で生ずることにそぐわない事態とならない程度に速やかに、かつ確実に、差し押さえられた債権を識別することができるものでなければならないとしました。そうしたうえで、その程度に速やかに識別を行い得ない場合には、第三債務者はもとより競合する差押債権者等の利害関係人の地位が不安定になりかねないことを理由にしています。

そのほかにも、判例では、金融機関の全店を対象にして、その中で預金債権額の最も大きな店舗の預金債権を対象とするという特定方法についても不適法とするなど、「特定」については厳格な判断がなされています。

現在では、金融機関の預貯金債権を差し押えようとする場合、金融機関や支店名等も特定しなければならないのが一般的です。しかし、近年、判決等の「債務名義」がある場合、弁護士会からの照会に対し、一部金融機関が債務者の預金の有無およびその支店名等を回答する運用を行っています。ついては、この弁護士会の照会制度を活用して、差押債権の「特定」がなされるケースが増えてくるものと想定されます。

ここがポイント！

一般的には金融機関や支店も特定が必要だが、今後は、弁護士会の照会制度を活用した差押債権の特定も増えてくると想定される。

第44話 預金債権に対する差押

差押だと!?
そういえば自宅にも
裁判所から通知が
来ていたなぁ…
それでも今日中に
家賃を支払わないと
いけないんだ
何とかしてくれ!
しかし…
裁判所からの
命令ですので
そもそも
この預金口座は
年金受給用の口座で
これがないと
生活できないんだ
それまで
差し押さえられるのか?
田中太郎様
123456
ANPOPO
年金の
受給口座ですか?
そうだ
…年金は差押が
できないと
聞いたことがあるなぁ
——というわけで
田中さんには
いったん帰ってもらって
すぐに連絡することに
したのですが…
たしか年金は差押
できないんですよね
——ということは
払戻しできるんじゃ
ないでしょうか
うーん…
それは
どうかな?
え
違うん
ですか?

解説

第44話　預金債権に対する差押

●年金受給権などへの差押は原則不可

裁判所から預貯金等の債権差押命令が発令されて命令書が送達された場合、第三債務者となる金融機関としては、裁判所の命令に従って、預貯金者からの払戻依頼に応じないのが通常です。

万一、裁判所からの差押命令に反し（または、これを見過ごして）、預貯金者に預貯金を払い戻してしまった場合には、後日、当該預貯金者の債権者から当該金融機関に対し、支払いを要求される事態にもなりかねません。

ところで、一般的に債権の差押については、対象債権の性質に応じて差押が禁止されるものや、一部差押が禁止されているものがあります。

まず、社会政策的な配慮等から受給者の生活利益を保護するために、特別法の規定によって差押が禁止されているものがあります。例えば、厚生年金保険法や国民年金法に基づく年金の受給権などがこれに当たります。

また、一部について差押が禁止されている債権としては、給料、賃金等の性質を有する債権があります。これらについては、原則として、その４分の３に相当する部分の差押が禁止されています（民事執行法１５２条）。

●預貯金となってしまえば基本的には差押可能に

そこで問題となるのが、差押禁止債権が受給者等に直接渡されるのではなく、一度、預貯金口座に振り込まれた場合や、受給者等が受給金を預貯金口座に預け入れた場合、当該預貯金に対して差押命令の発令が可能になるのかという点です。

このような預貯金は、実質的には、差押禁止債権に基づく金員を原資としていますが、形式上は、金融機関と預貯金者間の消費寄託契約に基づく預金債権です。したがって、法令上の差押禁止債権には該当せず、債権者としてはこれらの債権を差し押さえることが可能となります。

したがって金融機関としては、本マンガのようなケースにおいても、基本的には裁判所からの命令に従うべきであり、独自に当該差押命令の有効・無効、または適用例外を判断することは慎重に行わなければなりません。

一方で、差押禁止債権に基づく金員を原資とする預貯金に差押がなされた場合、預貯金者には一定の救済方法が認められています。具体的には、裁判所に対して差押禁止範囲の変更を申し立てて、当該預金の原資が差押禁止債権であることを証明すると同時に、当該命令の全部または一部の取消を要求するという方法です。

ただし、この申立を認めるか否かの裁判所の判断は、個々の事情によって異なってくるので、金融機関がアドバイスする際には、そのような救済手続きも認められるケースがあるということを預貯金者に説明したうえで、弁護士などの専門家等に相談するように伝えるべきでしょう。

ここがポイント！

年金自体は差押が禁止されているが、原資がたとえ年金でも、口座に預け入れられてしまえば差押が可能な場合もある。

第45話 差押と相殺の優劣

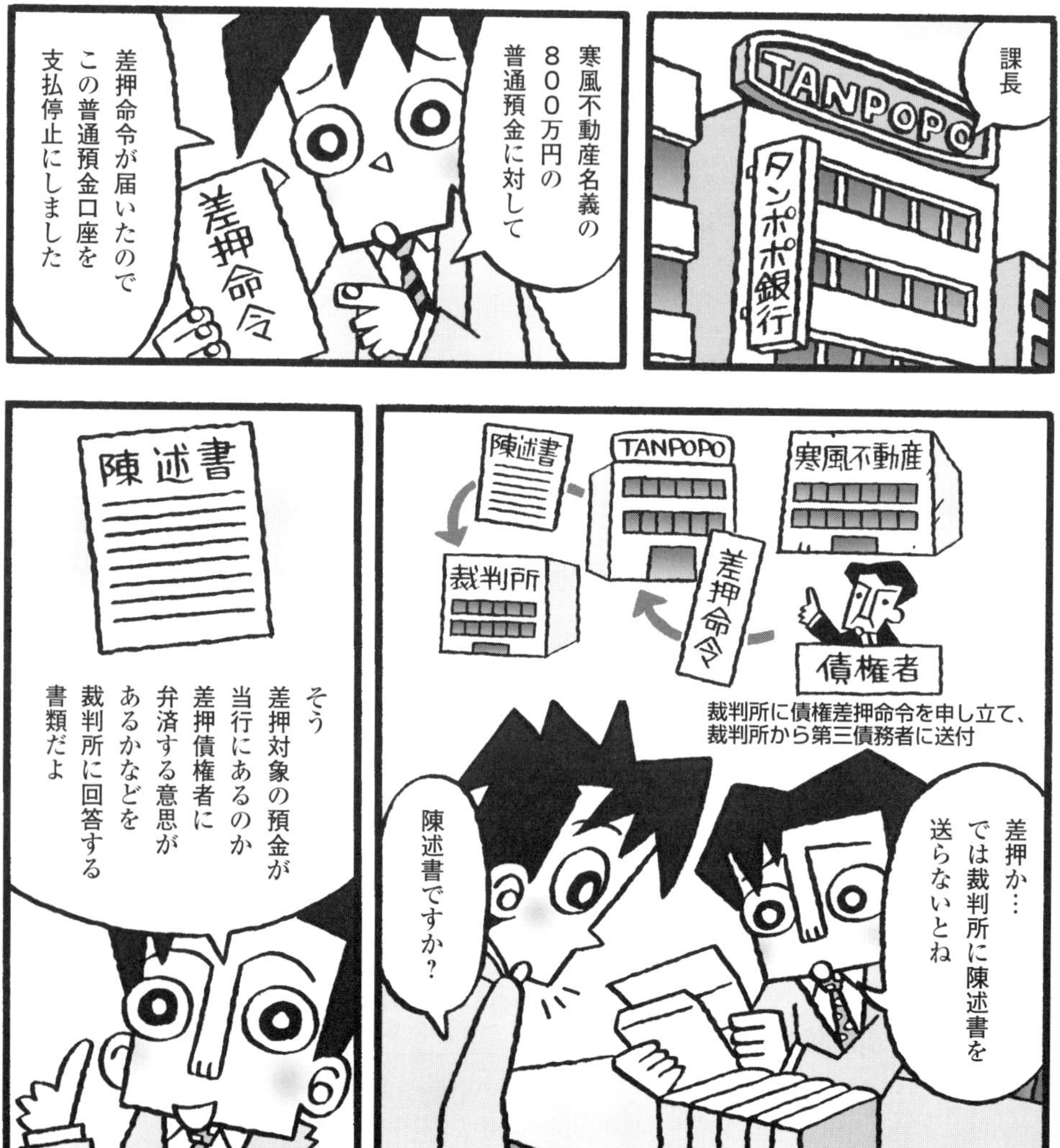
TANPOPO
タンポポ銀行
課長
寒風不動産名義の800万円の普通預金に対して
差押命令
差押命令が届いたのでこの普通預金口座を支払停止にしました
陳述書
TANPOPO
寒風不動産
裁判所
差押命令
債権者
裁判所に債権差押命令を申し立て、裁判所から第三債務者に送付
差押か…では裁判所に陳述書を送らないとね
陳述書ですか?
陳述書
そう 差押対象の預金が当行にあるのか差押債権者に弁済する意思があるかなどを裁判所に回答する書類だよ

わかりました すぐに送ります
ちょっと 待って!
たしか 寒風不動産には 昨年 5000万円を 融資した はずだけど――
返済はどうなって いるの?
まだ半分以上 残っています
すると 当行は差押預金額よりも 多額の債権を有している ということか…
陳述書の 「差押債権者に 弁済する意思」には どのように記載する つもりだい?
弁済の意思の有無
□ある □ない
え～っと… 当行には 融資債権があり
預金と相殺 したいので 「弁済の 意思はない」と 記載します
債権者による差押後でも 本当に相殺 できるのかな?
う～ん…

解説

第45話　差押と相殺の優劣

融資先の預金への差押は期限の利益喪失事由

金融機関は、融資先（債務者）から預金を預かっていることが多くあります。そのため、金融機関は取引約定等において、融資先の預金に差押等がなされたことをもって、融資債権については「期限の利益喪失事由」とし、また、預金その他の債務については、期限の利益を放棄して直ちに相殺が可能な状況にする旨の条項を設けることにより、早期の債権回収を可能としているといえます。

他方、民法（511条）では、差押と相殺に関し、支払の差止めを受けた「第三債務者は、その後に取得した債権による相殺をもって差押債権者に対抗することができない」と規定しており、相殺に関して一定の制限を設けています。

この点、マンガのケースと類似の事例において、裁判所は「民法511条は、第三債務者が有する反対債権が、差押後に取得されたものでない限り、弁済期の前後を問わず」「差押後においてもこれを相殺することができると解すべきである」と判示し、取引約定における期限の利益喪失約款と、相殺約款を有効と解して、差押後の相殺を認めました（最判・昭45・6・24）。

すなわち、第三債務者は、自己の債権が、差押後に取得されたものでない限り、相殺適状に達しさえすれば、差押後においても反対債権と相殺することができるとしました。

したがって、マンガのケースにおいても、タンポポ銀行の寒風不動産に対する融資債権は、差押債権者の差押命令よりも以前から存在していることになりますので、差押債権者の差押後であっても、タンポポ銀行は、寒風不動産の預金と相殺して、融資債権の回収を図ることが可能となります。

そこで、タンポポ銀行としては、寒風不動産の預金に対する差押命令の送達をもって、融資債権の期限の利益を喪失させ、預金と融資債権とを相殺処理することができます。

●当該預金の有無等を確認し裁判所に陳述書を提出

なお、自行の預金に裁判所から差押命令が送達された場合は、直ちに当該預金の有無を検索し、預金の存在を確認したら当該預金口座に支払停止措置をとります。そして、差押命令の第三債務者として裁判所に対し、「陳述書」の提出を行わなければなりません。

具体的には、陳述書の「差押にかかる債権の存否」には、差押対象となった預金があるのか否か、また当該預金が存在した場合はその種類と金額も記載し、「弁済の意思」に関しては、差押債権者に支払う意思があるのか否かを記載して裁判所に送ります。

今回のケースでは、「当該預金がある旨およびその金額」「反対債権（融資債権）により相殺するため支払いの意思がないこと」を陳述書に明記して、裁判所に送ることになります。

ここがポイント！

融資債権が、預金への差押命令より前から存在しているものであれば、差押後でも、その預金と相殺することができる。

第46話

差押債権の取立

TANPOPO
タンポポ銀行
それでは日照様審査結果が出ましたらご連絡します
ペコ
ペコ
何とかよろしくお願いします
翌日
郵便ですよ
あっ 裁判所から
日照一郎さんの預金に対する差押命令だ…
差押命令
課長！ 昨日新規融資の申込みがあった日照商事ですが
夏空BANK
差押
普通預金
日照一郎
TANPOPO
夏空銀行が 当行にある社長の日照一郎さんの預金を差し押さえたようです

うーん
日照商事は
資金繰りがかなり
厳しかったようだからね…
これまでに当行から
融資はしていませんので
債権者への支払いを
行っていいんですよね?
あぁ 陳述書には
弁済意思があると記載して
返送しておいて
裁判所
陳述書
返送
分かり
ました!
ところで加藤君
債権差押命令を
取得した
債権者は
どうやって
回収
するのか
知っているかな?
確か…
差押命令が
送達されてから1週間後に
取立できるんですよね
それは債務者へ
送達されてから?
それとも金融機関に
送達されてから?
それに
取立とは具体的に
どうやって
なされるのかな?
え〜っと…

解説

第46話　差押債権の取立

●差押債権の回収としては取立権の行使が一般的

金融機関の預金などに対して、債権の「差押命令」がなされた場合、債務者（預金者）は、差押対象となった債権（預金債権）の取立その他の処分が禁止されます。同時に、第三債務者である金融機関としても、債務者に対する弁済が禁止されます。その後、差押債権者としては、差押をした預金債権について、現実の回収を行うことになります。

債権差押において、債権者が行う現実の回収方法としては、「取立権の行使」「転付命令」「譲渡命令」「売却命令」などの方法が規定されています。この中で最も一般的な方法が、取立権の行使となります。

ただし、法律上は「債権差押命令は、第三債務者に送達されたときにその効力が生じる」とされ、「同命令が債務者に送達されてから1週間経過後に、債権者が第三債務者に対して直接取立を行うことができる」とされているにすぎず、第三債務者に対する請求の方法まで定められているわけではありません。

このため、一般的に債権者としては、差押命令が債務者に送達されてから1週間経過後に、第三債務者に対し、書面等で支払いの依頼をすることになります。第三債務者としては、債権者への支払いを拒絶する理由がない限り、この依頼に応じることになります。もし、第三債務者が支払いを拒絶した場合には、債権者は「取立訴訟」という裁判を提起して、「第三債務者の支払拒絶が正しいのか否か」を明らかにすることができます。

●命令内容を正確に把握し、二重払いを防ぐ

第三債務者としては、差押命令の内容を正確に把握し、支払いの可否を決めなければな

りません。確認すべき主な事項は、次のとおりです。

①対象債権の種類や金額
②対象債権の存否
③第三債務者の抗弁権（相殺、弁済など）の有無
④他の競合（仮）差押債権者の存在の有無
⑤執行停止文書の提出の有無

　これらの確認を怠り、差押債権者に対して支払ってはならないケースで支払ってしまった場合、金融機関は、債務者からの請求に対しても支払わなければならない、つまり、二重払いをしなければならなくなります。

　他方、差押の対象外の債権については、債務者の払戻請求などを違法に拒絶することはできないため、第三債務者の責務は重大といえます。

　以上の確認を経たうえで、債権差押命令の取立が可能となった場合には、差押命令に書かれた債権者と取立者の同一性を確認します。次に、それぞれの金融機関で定められている必要書類（印鑑証明書等）を取り受けたうえで、債権者へ支払うことになります。

ここがポイント！

債権者から第三債務者に対する支払いの依頼は、差押命令が債務者に送達されて1週間経過後に書面等で行う。

〈倒産手続き〉

第47話

破産手続きへの対応

TANPO
タンポポ銀行
加藤くん！
君が担当している融資先の凸凹不動産だけど――
昨日 自ら破産手続開始の申立てをしたようだね
エッ
本当ですか!?
凸凹不動産といえばたしかウチが抵当権を設定している物件がアパートだったから
今年2月に物上代位による賃料差押をしていた先だけどどうなるのかな
…とにかく課長に報告しよう

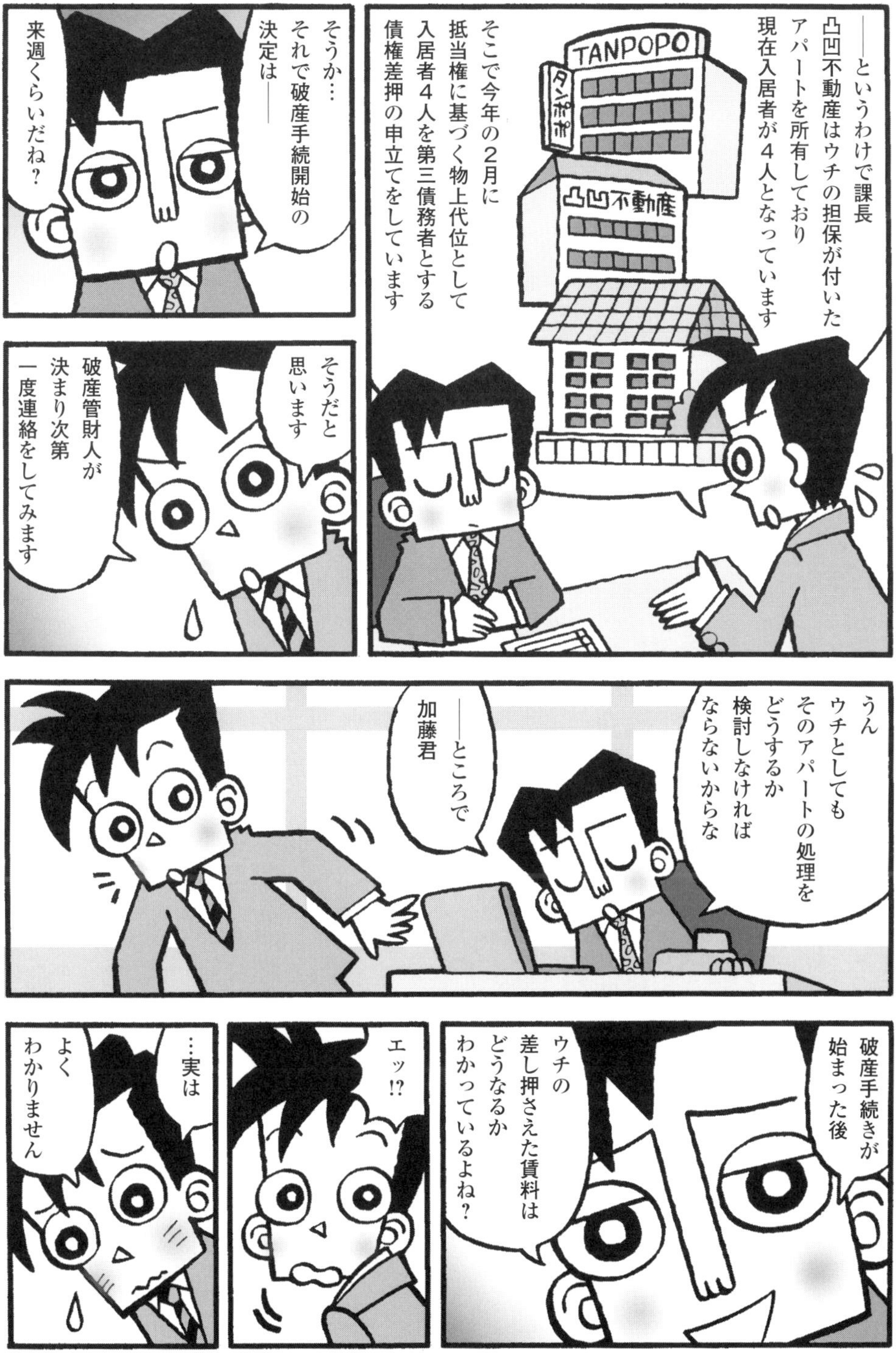
――というわけで課長 凸凹不動産はウチの担保が付いたアパートを所有しており現在入居者が４人となっています
TANPOPO
タンポポ
凸凹不動産
そこで今年の２月に抵当権に基づく物上代位として入居者４人を第三債務者とする債権差押の申立てをしています
そうか…それで破産手続開始の決定は――
来週くらいだね？
そうだと思います
破産管財人が決まり次第一度連絡をしてみます
うん ウチとしてもそのアパートの処理をどうするか検討しなければならないからな
――ところで加藤君
破産手続きが始まった後
ウチの差し押さえた賃料はどうなるかわかっているよね？
エッ⁉
…実は
よくわかりません

解説

第47話　破産手続きへの対応

入居者を第三債務者とする債権差押の手続きも可能

抵当権をはじめとする担保権については、その目的物が、売却、賃貸、消滅または損傷によって金銭その他のもの（代償物という）に変化した場合、担保権者はこれらに対して権利を行使することができるとされています（民法３０４条）。これを担保権の物上代位性といいます。

典型的な例としては、本ケースのように、不動産に担保権者の抵当権が設定されていて、その不動産が賃貸に供されている場合の「賃料」があります。これについては、抵当権によって把握している目的物の価値が、なし崩し的に賃料という金銭債権に具体的に変化したと解釈されています。

この場合、抵当権者は、抵当権の目的物が賃料という金銭債権に変化したため、入居者（賃借人）を第三債務者とする債権差押の手続きをとることになります。

さて、本ケースでは、凸凹不動産が自己破産の申立てに至ったため、通常は、裁判所から破産手続開始決定を受け、破産管財人が選任されます。そして、この破産管財人のもとで、財産の処分と債権者への金銭配当が行われることになります。

破産手続きにおいては、「債権者の平等」が重要となりますので、一部債権者の「抜け駆け」を許さない制度となっています。したがって、破産手続開始決定により、先行する強制執行手続きは失効し（破産法42条）、以後も個別失効が禁止されることになります。

ただし、担保権については、優先弁済的効力を有する特別の物権ですので、一般債権とは別の扱いを受けることとなっており、「別除権」として、破産手続きによらずに個別に回収行為を行うことが可能とされています（破産法65条）。

したがって、本ケースにおいても、債務者の破産手続開始決定にかかわらず、債権差押の効力は維持されることになりますので、抵当権者は、今後も入居者（賃借人）からの賃料支払いを受けることができます。

●破産管財人とも協議のうえ最も回収に資する選択を

しかし、債務者の財産の清算および配当を目指す破産管財人としては、当該物件を任意売却し、その売却代金から破産財団に内入れを行い、配当の原資とすることを希望することもあります。この場合、破産管財人から抵当権者に対しては、抵当権の消滅を含めて第三者への任意売却の打診がなされることになります。

抵当権者としては、当該物件の売却代金から優先的に返済を受けられるため、物件の早期売却に同意し、被担保債権の不足額を確定して破産手続きから配当を得るという選択肢もあり得ます。

そこで、破産管財人との協議を通じ、どんな選択肢が「金融機関にとって、より回収に資するのか」を検討することが重要となってきます。

ここがポイント！

担保権は破産手続開始決定後も優先効力を持つため、賃料からの個別回収は可能。ただし、物件を任意売却する選択肢もある。

〈倒産手続き〉

第48話

破産における債権届出

破産手続開始通知書

事件番号　　平成30年（フ）第111号

破産者　　日暮商事株式会社

上記の者に対し、破産手続開始決定がされたので、次のとおり通知します。

破産開始日時　　平成30年８月13日午後５時

破産管財人　　弁護士　管財太郎

破産債権届出期間　　平成30年９月12日まで

破産債権届出及び交付要求書の提出先

東京都千代田区霞が関………

弁護士　管財太郎　気付

日暮商事
正直 資金繰りも大変そうでしたから そろそろ来るとは思っていましたが…
そうか それは残念だ 早速 債権届出の準備をしよう
…債権届出ですか?
当行がいくら債権を持っているのか裁判所に報告するんだよ 破産手続きでは日暮商事の財産を処分して全債権者に配当を行うんだけど 債権届出をしないと配当が受けられないんだ
なるほど
ところで加藤くん 当行は日暮商事の本社ビルを担保にとっているよね
これは他の債権者に関係なく処分して債権回収に充てられるから 当行は他の債権者と同じように債権を届け出る必要はないと思わないかい?
確かにそうですね
それでも届出は必要なんだよ
なぜだと思う?
それは…

解説

第48話　破産における債権届出

配当を受けるためには債権を届け出ることが必要

マンガのケースでは、タンポポ銀行の融資先が「破産」に至ったようです。破産手続きが開始されると、裁判所は債権届出期間を定め、「知れている債権者」に対し、破産の旨を通知します。金融機関は通常、知れている債権者となるので、裁判所からマンガのような破産手続開始通知書が送られてくることになります。

一方、債権者は、自己の有する債権について裁判所の定めに従って届出をしなければ、配当を受け取ることができません。このため債権者は、破産債権の額および原因（債権の種類、発生期間など）を所定の用紙に記載し、定められた期間内に通知書に記載された届出先に提出することになります。

この点、破産法においては、破産手続きの合理化と迅速性の観点から、債権届出を怠った債権者については、配当を受領することができないとしています（失権）。

債権者は原則、債権届出期間内に所定の用紙を提出することになりますが、届出期間経過後であっても、一般調査期間の満了前または一般調査期日の終了前であれば、債権を届け出ることで破産手続きに参加することができます。

もし、これらの期間も経過した場合には、債権者が「その責めに帰することができない事由によって」届出ができなかった場合で、当該事由の終了後1ヵ月以内に届け出たときを除いて、失権してしまうことになります。

「その責めに帰することができない事由」とは、大地震、火災または洪水等の天災事変や、裁判所職員や郵便職員の過誤により通知が受領されず、債権者が破産手続開始の事実を認識できなかった場合を指すとされています。

これに対し、債権者の過誤や単なる失念などは、その責めに帰することができない事由に該当しないと思われます。

●全額回収できない場合は破産手続きに参加する

以上から、金融機関としては、期限内に正確な債権届出を行うことが重要となりますが、マンガのケースでは、破産者の所有不動産を担保に取っていることから、さらに注意が必要となります。すなわち、金融機関の有している抵当権等は、破産手続開始によって「別除権」となり、金融機関は破産手続きによらないで、担保権を行使して被担保債権の回収を図ることができます。

ただし、当該担保の実行によって回収できた金額が、破産債権者の有する被担保債権額に満たない場合、その不足部分については、債権者として破産手続きに参加して配当を受けることになります。

したがって、金融機関としては有する債権全額を届け出るとともに、別除権行使で見込まれる回収額を記載し、それによって賄われない不足額も明記しておく必要があるのです。これも債権届出書のひな形に記載欄がありますので、忘れずに記載してください。

ここがポイント！

担保権を行使すれば破産手続きによらずに回収を図ることは可能だが、それで不足する分の回収には、債権届出が必要になる。

〈倒産手続き〉

第49話

破産開始決定と強制執行

TANPO
タンポポ銀行
加藤さん 梅雨商会から お電話ですよ
もしもし
実は 先日 破産を申し立てました
裁判所から 破産手続開始の 連絡がいくと 思いますので お知らせしておきます
ええ！
課長！
たっ
たっ
梅雨商会が破産を 申し立てたそうです
それは残念… 梅雨商会への融資は 担保をとっているの？

社屋を担保に極度額3000万円の根抵当権を設定してあります
根抵当権
梅雨商会
では 担保不動産競売の申立てをすることになるね
早速準備します
あれ…でも確か
追加で運転資金を融資したから
融資額は3000万円を超えているんじゃないかな？
はい…
ただ 追加分は公正証書を作成したので強制執行が可能ですよね？
いや 破産開始決定後だと担保のない債権は破産手続きを通じて配当されることになるよ
え？
では破産の申立てより前に強制執行をすればよかったんでしょうか？
それはね…

解説

第49話　破産開始決定と強制執行

●担保で保全される債権は別除権として優先的に弁済

破産手続きにおいては、債権者の平等を図るため、破産開始決定時において破産者が所有する財産について、「破産管財人」が換金等の作業を行い、これによって形成された「破産財団」から各債権者に配当がなされることになります。

この際、基本的に、破産開始決定前から抵当権等の担保権が設定されている債権については、「別除権」として、その対象財産から、破産手続きによることなく優先的に弁済を受けられることになります。

マンガのケースでは、タンポポ銀行は、梅雨商会に対して根抵当権の設定をしています。したがって、根抵当権の極度額の範囲内においては、破産手続きによらずして、別途競売申立てを行い、融資金の回収を行うことができるのです。

これに対して、破産手続きにおいて特別の優先権を付与された債権（使用人の給与や税金など。これらを「財団債権」といいます）を除く、別除権を有しない一般的な債権を「破産債権」といいます。

すでに述べたとおり、破産手続きにおいては債権者の平等が図られるため、破産債権は破産手続きに従った方式のみでしか権利行使ができず、これに基づいて破産者の有する財産に対して行った強制執行は、効力を失うのが原則となります。

すなわち、破産開始決定後においては、一般債権者が行った債務者に対する強制執行の申立てについては、却下されることになります。また、破産開始決定前にすでに申立てがなされていた強制執行についても、効力を失うことになります。

なお、破産開始決定時において、すでに強制執行手続きが完了していた場合には、破産開始決定があったからといって、すでに完了した手続きまで遡及的に無効にされることはありません。破産開始決定時に手続きが完了していれば、基本的には、当該強制執行手続きにおいて行われた配当は有効となるのです（ただし、否認のリスクはあります）。

●一般債権は破産手続きで回収を図ることになる

したがって、マンガのケースにおいて、タンポポ銀行としては、前述のとおり、根抵当権の極度額の範囲内で、不動産競売申立等によって融資金を回収することになります。

他方、担保権によって保全されない一般債権については、破産開始決定後の強制執行はできません。もし、開始決定前に申し立てていた場合であっても、配当手続きが完了していない段階であれば、当該強制執行の効力はなくなってしまいますので、破産手続きを通じて回収を図るしかないことになります。

ですから、梅雨商会に対してよほど先んじて強制執行手続きを行っていない限りは、結論として差異はないと思われます。

ここがポイント！

担保権で保全されない一般債権については破産開始決定後の強制執行はできないため、破産手続きを通して回収を図ることになる。

〈倒産手続き〉

第50話

民事再生と住宅資金特別条項

トゥルルルルル
TANPOPO
タンポポ銀
もしもし タンポポ銀行です
お宅で住宅ローンを借りている初霜太郎ですが個人で民事再生を申し立てることになりました
今の条件で返済を続けるのは難しいので
明日にでもご相談にうかがいます
わかりました
――というわけで初霜太郎さんが民事再生を申し立てたそうです
今後 返済が滞るようであれば自宅に設定した抵当権を実行して住宅ローンを回収することになりますよね？

いや
住宅資金特別条項を適用すれば抵当権の実行はできないよ
住宅資金特別条項…？
あ！
住宅資金特別条項
住宅ローンを負っている個人債務者が自宅を手放さなくても再生手続きができるというルールですね！
そのとおり
ただ… 初霜さんは個人で事業をしていたよね？
○×銀行 抵当権
タンポポ銀行 抵当権
はい 当行の住宅ローンも自宅兼事務所の購入で利用しています
では 当行の住宅ローン以外にも他行から事業資金の借入れなどで自宅に抵当権等が設定されていないか確認が必要だな
え…
他に抵当権等があると何か問題があるんですか？
それはね…

解説

第50話　民事再生と住宅資金特別条項

●個人が利用できる民事再生手続きは2つ

経済的に破綻状態にある債務者が、経済的再生を図る法的手段の1つとして、民事再生の手続きがあります。この点、個人に関しては、利用しやすいように、一般の民事再生に比べ合理化・簡素化した手続きになっています。

個人が利用できる民事再生手続きには、次の2つがあります。

①小規模個人民事再生……将来継続的に収入を得る見込みのある個人債務者で、無担保債権（住宅ローンなどの担保付債権を除く）の総額が5000万円を超えないものを対象とする手続き。再生計画認可に債権者の決議が必要。

②給与所得者等再生……小規模個人民事再生の対象者のうち、いわゆるサラリーマンなど将来の収入を確実に取得できる者を対象とする手続き。再生計画認可に債権者の決議は不要。

両者の相違は、対象者の収入形態と、再生計画認可に際して債権者の決議が必要か否かという点です。

このような個人再生手続きにおいて、個人債務者が住宅ローンを借りている場合、通常は自宅等に抵当権が設定されていますので、債権者としては、再生手続きにかかわらず、別除権として抵当権を実行することが可能です。他方、個人債務者としては、生活の基盤である自宅を手放すことなく再生を図ることができれば最良といえます。

このような個人債務者のニーズに応えるべく導入された制度が、「住宅資金特別条項」です。

住宅資金特別条項とは、住宅の建設もしくは、購入等に必要な資金の貸付にかかる分割払いの定めのある債権であって、当該債権などを担保するために当該住宅に抵当権が設定されている場合に適用できます。

この条項が適用されると、債務者が再生計画に基づく弁済を継続している限り、債権者は住宅に設定されている抵当権を実行できなくなるのです。

●住宅ローン以外の抵当権等がないか確認

条項の内容は、「すでに失われた期限の利益を回復させ、当初の約定に従って支払いを継続させるもの」（滞納分は再生計画に従う）や、「全額弁済を前提にリスケジュールをするもの」「改めて返済条件の合意をするもの」などいくつかの形態があります。

そして、当該条項を適用するための要件としては、「住宅ローン以外の金銭債権を被担保債権とする別の抵当権等が、当該住宅に設定されていないこと」とされています。

マンガのケースでは、初霜さんは個人で事業を行っているため、事業資金の借入れのために、他の金融機関から自宅に抵当権等が設定されている可能性があります。仮に、住宅ローンの後順位で別途抵当権等が設定されている場合、住宅資金特別条項は適用されないため、この点の確認を含めて、返済条件について初霜さんと協議すべきでしょう。

ここがポイント！

民事再生の住宅資金特別条項は、当該住宅等に住宅ローン以外の抵当権が設定されている場合は適用とならない。

まとめ

回収時の交渉テクニックや返済スキームの知識・経験を身につける

以上見てきたように、金融実務における「債権回収」は、債権の実現に向けた最終ステージとして、最も動的な場面です。時として一気呵成に、または強権的に、あるいは国家権力である裁判所を利用して、多角的に多種多様な手段によって債権の実現を図る――そのような場面であるといえます。

もちろん、法的手続きが、回収業務のすべてではありません。相手方との交渉を通じ、また、援助者の協力を取り付けながら回収が実現されることもあります。この際に発揮されるべき交渉テクニックや、返済スキーム構築のための知識・経験は、担当者が身に付けるべき素養といえます。

また、協議が整わず、法的手段に基づく回収を選択するとなれば、最大の結果を、最も効果的に実現する方法を選択しなければなりません。各種制度・手続きのメリット・デメリット、（取引）関係者や社会に与える影響の有無、所要期間・費用などの観点から、検討を重ね、採るべき選択肢を決定しなければなりません。

法制度としても、今回、債権法の改正が行われたわけですが、その前にも、倒産法制が整備され、担保法や執行法の改正が繰り返し行われています。判例によって、運用が見直されるケースもあります。ただでさえ複雑な手続に加えて、これらの動向もキャッチアップしていかなくてはならないのです。専門化し、敬遠されがちな分野ではありますが、やりがいのある分野には間違いありませんので、チャレンジされることをお勧めします。

よ〜し
メラメラ
もっともっと経験を積んで頑張るぞ〜

期待しているよ

おわりに

債権法の改正を経て、現代の法制度は、変動の時期に入った感があります。今回の改正を経ても、いまだ債権法の分野においては、争点として詰め切れなかった点や、今後の課題として残る点、あるいは、実務や裁判例の解釈に委ねられた点などが多く存在します。本書内でもすでに述べたとおり、これらの点に関しては、実務の集積または、さらなる民法改正によって、より充実したものになることが予測されるところです。

債権法分野の改正に引き続き、２０１８年６月には、成年年齢の引き下げや婚姻適齢の統一に関する民法改正がなされ、同年７月には、相続法の改正が国会で成立し、相続や遺言に関しても、これまでの実務上の不便が解消されたり、新たな利便性のある制度が創設されました。

今後、民事執行法（財産開示制度の見直し、第三者からの情報開示など）や、親族法（特別養子制度の見直し）の分野においても、さらなる改正が待っているとも言われています。

一方、今般の法制度の変革に加えて、金融実務の現場では、ＡＩ（人工知能）やフィンテックの発達により、更に複雑な取引・決済方法が登場し、これに対する対応策は、喫緊の課題となっています。

これまでの金融実務や法律問題については、ひとたびしっかり知識を身につけていれば、あとは経験を通じて円滑に仕事を遂行できていたかもしれません。しかし、これからは、知識や経験はもちろんのこと、洞察力や知恵といった能力も駆使して問題にあたっていかなければならない時代といえます。

今回はひとまず、最も身近であり、かつ最も基本的な分野の改正について解説を行いましたが、将来に向かって、金融実務もまさに変革の時代に入ったというべきです。それに耐えうる知識、経験、および知恵を身につける一助として、本書を活用してもらいたいと考えます。

宮下正臣

●著者紹介●

宮下　正臣（みやした　まさおみ）

弁護士（西中・宮下法律事務所）

取扱分野：金融取引、損害保険、債権回収、不動産、人事・労務　その他民事一般

経　　歴：長野県諏訪清陵高校卒業。早稲田大学政治経済学部卒業。司法修習第51期。

濱田　祥雄（はまだ　さちお）

弁護士（西中・宮下法律事務所）

取扱分野：損害賠償、債権回収（保全、執行、訴訟）、人事・労務関係、独占禁止法、会社法、税法、その他民事一般。

経　　歴：大阪府立北野高校卒業。大阪大学法学部法学科卒業。大阪大学高等司法研究科修了。司法修習第65期。

マンガでわかる
債権法改正と融資管理＆回収の実務

2019年 1月30日　初版発行

著　者――――――宮下正臣　濱田祥雄
漫　画――――――山川直人
発行者――――――楠 真一郎
発行所――――――近代セールス社
〒164-8640　東京都中野区中央1-13-9
電　話　03-3366-5701　　ＦＡＸ　03-3366-2706
印刷・製本―――株式会社 暁印刷
カバーデザイン――設楽みな子
編集担当――――――飛田浩康

ISBN978-4-7650-2126-5